JN056359

これならできる！

NISA
で 得 する
稼げる株
の ワザ

standards

はじめに ——
上向く相場で「勝ち」を増やしたい

2024年1月から、新しいNISAがスタートしました。これを機会に株式投資を始めた、もしくは始めてみようと考えている人が増えました。

一方で、「株式投資に興味があるけど失敗したくない。だけど、具体的にどうしたらいいのかわからない」——そう思いながら、実際の売買をためらっている人も多いことでしょう。

何の知識もなく"山勘"だけで、株価の動向を予測し、利益を得ることは難しいものです。

本書では個人投資家、金融アナリストの方々に、株式投資で知っておくべきテクニックを教えてもらいました。

NISAで使える初心者でも取り組みやすい基本ワザから、より株主優待の恩恵を得る方法、投資家独自のテクニカル指標の使い方など、投資スキルをステップアップさせる応用ワザを掲載。また、過去シリーズで蓄積された数々のテクニックを再整理。投資初心者の方々に向け、押さえておくべき基本ワザも充実させました。

これら総数230個のテクニックを身につけ、ぜひ充実したNISAでの投資生活を送ってください。

巻頭では、マイナス金利政策が解除された以後の株式市場の動きについて、経済に精通する和島英樹さん、田嶋智太郎さんに話を伺いました。

マイナス金利が導入された理由など基本となる話から、なぜ株価は上がっているのか、これから相場はどうなるのか、詳しく解説しています。

まさにデフレから脱却しようとしている日本経済。マイナス金利政策の解除は、そのひとつの象徴でもあります。そうした動きを受けて、日経平均株価は1989年以来の史上最高値を更新、「失われた30年」に区切りをつけようとしている日本経済。株式市場もこれから変化していくでしょう。

投資初心者のなかには、投資に不安を感じる人も多いかと思いますが、本書がそうした読者の不安を解消し、投資スタイルの形成の助力になれば幸いです。

『NISAで得する稼げる株のワザ』編集部

2

プロフィール

平野朋之 [株式会社トレードタイム代表取締役]
ネット証券にてFX業務全般、自己売買部門でディーラー、投資情報室にてFXや日経225の情報を発信した後、2011年トレードタイムを設立。自身もトレードを行いながら、個人投資家支援などを行う。
ブログ https://trade-s-room.com/
Twitter https://twitter.com/trade_time

ようこりん [個人投資家]
優待＆バリュー投資家。投資歴は10年以上、保有する株主優待銘柄は400を超え、1億5000万円の資産を築く。テレビ出演(日経スペシャル人生100年時代マネーの学び)、「ダイヤモンドZAI」などの雑誌への記事掲載経験あり。
ブログ https://ameblo.jp/youkorinn37/
Twitter https://twitter.com/CDNFusxnupl6X1w

ゆず [個人投資家]
ゲーム銘柄を中心に投資する個性的な手法を用いて、多くの利益を稼ぐ億トレーダー。雑誌「FX攻略.com」への記事掲載経験あり。メディア掲載『カリスマ投資家たちの株式投資術』(KADOKAWA)など。
Twitter https://twitter.com/yuzz__

伊藤亮太 [スキラージャパン株式会社取締役]
学生のときにCFP資格、DCアドバイザー資格を取得。その後、証券会社の営業・経営企画部門、社長秘書等(その間に投資信託や株式の販売、セミナー企画、FX事業の立ち上げ、投資顧問会社の設立など)、投資銀行業務にも携わる。
ブログ https://ameblo.jp/skirr-jp/
Twitter https://twitter.com/skirrjapan

三井智映子 [金融アナリスト]
投資教育に注力し、全国にセミナー講師登壇するほか、企業IRセミナーのプロデュースも手がける。著書は『最強アナリスト軍団に学ぶゼロからはじめる株式投資入門』(講談社)など。
ブログ https://ameblo.jp/mitsui-chieko/
Twitter https://twitter.com/chiekomitsui

戸松信博 [グローバルリンクアドバイザーズ株式会社 代表取締役]
インターネットを通して中国株の情報発信を続け"中国株のカリスマ"と呼ばれる。メールマガジンの購読者は3万人。現在は雑誌、ラジオ、テレビなどのメディアへの出演や、日本株、米国株、中国株の情報を発信する。
HP https://www.gladv.co.jp/

『株の稼ぎ技〜上田日銀の金融政策編』のテクニックをデータ更新、再編集して収録しています。

経済ジャーナリスト

和島英樹が読み解く！

Hideki Wajima

経済ジャーナリスト **和島英樹**

日本勧業角丸証券（現みずほ証券）、株式新聞社、ラジオNIKKEIを経て独立。記者・解説委員歴35年超。企業トップへの取材は延べ1000社以上。経済誌、マネー誌などへの寄稿多数。

日銀のマイナス金利政策解除で株式市場はどう動く？

2024年3月、日本銀行はマイナス金利を解除する方針を示した。大きな金利政策の変更は株式市場にどのような影響はもたらすのか。

■ 資金需要増のため マイナス金利を導入

——日本銀行（日銀）がマイナス金利を解除するか検討していますが、そもそも、なぜマイナス金利は導入されたのか、その経緯から教えてください。

和島 日本経済がデフレーション（デフレ）に陥っていたということがマイナス金利の導入の背景にあります。デフレで1990年代後半から景気が悪化して、1998年には日本長期信用銀行（長銀）が国有化されるなど、金融危機ともいえる状況になりました。そんなときに、よりによって増税もあって、個人の消費が減り、消費が減ったことで企業の業績が悪くなって業績が悪くなり、そのため働く人々の賃金が上がらないし、場合によっては社員を解雇して……というような状況がずっと続いたわけです。

※本インタビューは、マイナス金利解除の決定前の2024年3月4日に行われた。

マイナス金利解除までの流れ

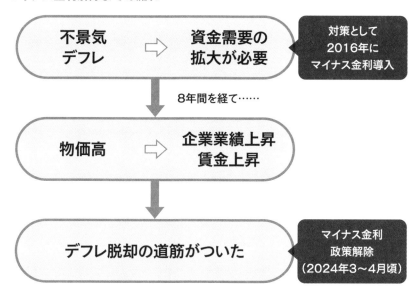

——いわゆる「失われた30年」ですね。当初「失われた10年」と言われながら、結果、30年に至った。

和島　世界に例を見ないデフレの長期化があって、賃金は1990年代からほぼ横ばいです。1992年に455万円だった平均年収は、2023年になっても458万円と、ほぼ変わらない。

　そうしたなかで不景気対策として、資金需要を喚起するためにまず日銀が行ったのが、ゼロ金利政策です。

　要するに、日銀が市中の銀行に貸す際の金利をほぼゼロにする金融政策。銀行はゼロに近い金利でお金を調達できるので、企業へ低金利で融資できる

ようになります。お金の流れが活発化して、景気をよくしようとするものですね。

　1999年に開始し、2000年にITバブルで景気が上向いて解除されるものの、ITバブル崩壊で再度復活。以降、解除されては復活しながら、2016年にいよいよマイナス金利政策が採用されました。

デフレ脱却で マイナス金利政策を解除

——さらに資金需要を喚起するためにマイナス金利政策へと移っていったわけですね。

和島　はい。当時の株式市場は、そんなに日本経済は厳しいのかという反応でした。「日銀にお金を預けたらお金（利子）をとるぞ。ほかで使え」と民間銀行に言わなくてはならないほど、資金需要がなかったわけです。

　日銀の当座預金に預ける利息を付利といいますが、これがプラスではなく、マイナスになるわけですが、それで需要が喚起されるというのも幻想で、思われるほどの効果はありませんでした。

　結果的には、黒田日銀の金融緩和と安倍元首相のアベノミクスとの相乗効果で、そこから徐々に雇用が生まれてきたっていうところで、株価は底入れ機運を高めるというような形になったというのが、それ以降の動きです。

——2016年から８年を経て、ようやくマイナス金利政策が解除されようとしています。

和島　日銀とすると、いよいよデフレ脱却という話ですよね。金融緩和と需要喚起、そして企業の成長戦略がここへ来て実を結びつつあり、デフレの脱却に道筋がついた。

　４月には日銀の金融政策決定会合でマイナス金利を解除し、イールドカーブ・コントロール、つまり長短金利の操作を行うと言われています。

　３月には、春闘でベースアップ（ベア）の一斉回答がありますが、実質賃金がマイナスである状態が解決されることが、マイナス金利政策の解除の理由のひとつになるでしょう。

　近年、賃金は上がっているけれど物価の上昇に追いついません。つまり、実質的には賃金は上がっておらず、下がっています。ここで実質的に賃金が上がれば、ようやく真っ当な「普通」の経済の姿になります。

　すなわち消費が喚起されて、物が買われて、企業業績が潤って、結果賃金が上がるという、「デフレからの脱却」につながり、マイナス金利政策の解除となるわけです。

巷で言われる「金利が上がると株価は下がる」のか？

——マイナス金利政策が解除され、金利が上がるわけですが、一般的に、金利が上がると株価は下がると言われています。

和島　それは「普通」の状況にある経済の話ですね。

　確かに、ナスダック総合株価指数は2021年に高値をつけたあと、そこから調整に入りました。アメリカはその

アベノミクス　▶　2012年第２次安倍政権において始まった経済政策。金融政策、財政出動、民間投資を起する成長戦略という“3本の矢”からなる

金利と株価の関係

投資家	・リスクのある株を売却し、資金を預金に移動する
企業	・借入金の支払い利息が増え、収益が減る ・新たな借入を避け、設備投資をしなくなり、事業が縮小する

▲ 金利上昇 ➡

 業績ダウン！ ➡ 株価下落 ▼

ただし、2024年の日本経済では

・モノの値段が上がり、資金需要が高まる
・利息の支払いによる収益減より、設備投資による売上増のほうが見込める

 業績アップ！ ➡ ▲ 株価上昇

頃からインフレを気にし始めていて、約2％あった金利を少しずつ引き上げて、約4％までになりました。アメリカの名立たるハイテク株でも、株式益利回りと金利を比べたら金利のほうが有利だということになり、株価調整に入っていったという経緯があります。

——「普通」の経済の状況にあることが前提の話なのですね。

和島　日本経済はデフレに散々痛めつけられてきました。10年国債の利回りが0.8％ほどになったら、10年ぶりの高水準だと大騒ぎするほどです。そうした「異常」な低金利からの脱却というのは、要はデフレからの回復とい

うこととイコールです。ようやく経済の正常化に向かうといった状況といえるでしょう。

　教科書どおりの「金利↑・株価↓」はまだまだ先の話です。

——今は、インフレで大変だという報道をよく目にします。

和島　ええ。モノの値段がこんなに上がって大変だとニュースで言われますけど、モノの値段が下がり続けたことで日本経済が大変なことになったということを、もうすでに忘れている（笑）

　日本経済は長らくデフレで苦しんだわけで、かつモノの値段が上がるのも経済の原則でいえば当たり前な

話。モノの値上がりが結局企業の収益に結びつき、賃金に結びついて、結果、何が起きてくるかといえば資金需要が増えてくるわけです。

——日本経済はようやく正常化に向かうわけですね。

和島　アメリカのように金利が２％から４％に上がるとき、つまり金利が正常な状態からやや引き締めの方向に向かっていくときは、金利が上がることで住宅ローンを借りる人が減り、企業は設備投資をするのも控えようかなど、そんな意識も起きてきます。

しかし、現在の日本においては、経済がようやく正常化していくから借りようという話になりますし、景気がよくなって賃金が上がってきたら住宅ローンでも組もうとなる。確かに金利は上がるのですが、アメリカとは逆の状況になります。

■ 株価の上昇は　解除後も続く

和島　正常化して金利が多少上がったところで、資金需要の増加のほうがだんぜん影響は大きい。結果、企業業績も改善するので株高につながるというのが、このマイナス金利政策解除から金利がプラスになっていく過程に起こ

る状況です。

物価上昇は円安の影響でガソリン価格が上がっている部分が当然ながらあるわけですが、小麦粉や建築資材などの輸入物価はもうピークアウトしています。国内で実需が増えて、上がることはあるでしょうが、以降も物価が上がり続けるという単純な話にはおそらくならないでしょう。こうして正常化した後で、仮に景気の改善が早すぎるから、もう一段金利を引き上げるとなれば景気にブレーキかかって、少し設備投資を休ませて、結果、逆業績相場になって株価調整という話になるでしょうが、これらは、まず教科書通りの正常化がなされた先の話です。

——マイナス金利解除に至ることで「デフレ脱却」のコンセンサスがとれた点が、金利より今後の株価の動きにおいて重要ということですね。

和島　普通にデフレを脱却し企業業績が上昇する限りは、株価は上昇します。それに準じ１株利益も上がっていけばPER（テクニック186参照）はある程度一定となり、株式相場はデフレ脱却の成果を満喫することになります。

——日経平均株価が2024年２月23日、最高値を更新しました。

和島　そうですね。株式市場も日銀の

株価調整　　▶ 相場の動きが短期的に上がったり下がったりして、適正な価格になること

和島氏が考えるマイナス金利解除後の株式相場の動き

・モノの値段が上がり、企業の業績が上がる

・外国投資家が日本株（日本経済）を評価し、買う

・新NISAで個人投資家が株を買うという側面も

株価上昇
（38年ぶり
最高値更新）

今後も上昇！

可能性は低いがもしかしたら……

・賃金が意外と上がらず、消費が喚起されず、企業の業績が停滞する

・経済成長を越えてモノの値段が上がる＝インフレになり、急速に金利が上昇する

株価停滞

動きを受けて、ようやく34年ぶりの高値をつけるまでになった株価は、デフレ脱却を期待して最高値更新まで来てるわけです。つまり、マイナス金利政策解除＝デフレ脱却という点は織り込みずみです。

ちなみに1989年からNYダウの株価は14倍になっているんですよ。

一方の日本は、「史上最高値更新」という言葉がやたら派手に踊りますが、1989年の日経平均の株価を比べても、「1倍」です。初の4万円といっても、「1.02倍」です。バブルだと言う人もいるんですけど、アメリカに追いつくためには、これから14倍にならなくてはいけないわけです。年初から2月まで7週連続で外国人投資家が買い越しており、多くの資金が海外から入ってきているのは明らかです。海外の投資家たちが日本の企業を見直し始めているということですね。

デフレ脱却で企業は資本効率の改善を半ば強制的にやらされている状況ですが、結果、投資家にとっては株主還元が増えて配当が上がり、魅力的になっています。もしかしたら、意外と賃金が上がらず消費も増えず、業績が停滞し、株価も上がらないということも考えられなくはないですが、その可能性は低いでしょう。

経済評論家
田嶋智太郎が読み解く！
Tomotaro Tajima

経済評論家 **田嶋智太郎**

国際証券（現：三菱UFJモルガンスタンレー証券）勤務を経て独立・転身。金融・経済全般から戦略的な企業経営、個人の生涯生活設計などを広く研究する傍ら、講演活動を行う。TV出演や著書多数。

企業の業績発表とマイナス金利解除で株価が動くタイミング

2024年2月に史上最高値を更新した株式市場は、マイナス金利解除を控え、今後も上がり続けるのか。

■ 外国人投資家が買い始めている

——2024年2月22日に、日経平均が最高値を更新しましたが、その要因をどのように考えますか。

田嶋 要因はいくつかあります。まずひとつは、アメリカの株が相変わらず強いということ。雇用が強く、それを背景にして消費も強いですね。

アメリカではコロナ禍で各家庭に分配された政府からのさまざまな給付金が、ある程度貯まっていた。これを過剰貯蓄と呼びますが、この過剰貯蓄がコロナ禍が一服して、行動規制が解除された後、どんどん費やされていった。外出機会が広がって消費行動が盛んになって、貯蓄から取り崩されてどんどん減っていった。これをほっといたら秋口にはなくなってしまうと去年は言われていたわけです。

日経平均株価の最高値更新の要因

アメリカの 株高が 続いている	中国の 投資が日本に 回ってきた	外国人投資家の 日本企業への 評価が高まった

加えて、デフレ脱却の機運も大きな要因のひとつ

　ところが秋口あたりからアメリカの代表的な株価指数が上昇し、結果として株高の恩恵にあずかるようになった人が出てきた。つまり人々の懐具合は、コロナ禍中の給付金はなくなったけど、株の儲けがあるじゃないかという話になり、その株高の影響でもって消費行動が未だに力強く動いています。

　アメリカの株高が続いている以上は、日本の株高もある程度、担保されているからです。

　ほかにも、これまで中国に投資されていたお金が、不動産バブルの崩壊などもあって中国から引き払われ、結果として消去法的に日本に回ってきたということ。上海市場の時価総額を、東京市場が上回ったことからも明らかです。

——株高は、海外の影響が大きいですね。

田嶋　そうですね。さらに挙げられるのが、オイルマネーも含めた欧米の投資家の日本経済を見る目が変わった点で、これが非常に大きいと言えます。長らく低迷していた日本企業の稼ぐ力が、ここにきて急激に高まってきていると外国人投資家は見ています。資本効率も改善してきており、株主に目を向けるようになってきているなど、様々な変化に彼らが目を向け始めたってことですね。

　稼ぐ力の必要性を常に内外から指摘されていながら、日本企業は一向にその力を高めるための工夫や努力をしてきませんでした。ところがコロナ禍により、そうせざるを得なくなります。例えばリモートワークをせざるを得ない状況になり、クラウドコンピューティングが重要視されるようになるわけで

す。ＤＸが進展し、社内の様々な活動が効率化されました。

　例えばムダな会議が減ったり、短縮されたりといった細かな話ではあるのですが、主要国の中で日本がそうした部分で遅れていたのは事実。それらは言い換えれば日本企業の能力の伸びしろでもあり、割安に放置されていた日本株の上値余地を見いだした外国人投資家が今盛んに日本株を買い始めています。

――東証が2023年３月にＰＢＲ１倍割れについて言及しましたが、その点もよく作用したのでしょうか。

田嶋 そうですね。東証が企業のガバナンスに物申し始めたということは外国人投資家に対してもアピールのひとつにはなっているでしょう。

　ほかにも、岸田内閣が発足以来支持率を下げ続けていますが、そのなかで国民の評価を得るために新NISAの立ち上げがありました。これも大きかったと思います。支持率がどんどん下がっているのに株価がどんどん上がっている。本来であればおかしいことなのですが、支持率が下がれば下がるほど、また何か政府与党は政策を出してくれんじゃないかと、そういう期待感が株高を演出しているのではないかと……。

■変化する企業を 政府は支援する方針

――政府の対応としては、ほかに注目すべきポイントはありますか。

田嶋 ともあれ、一番大きいのは企業が大きく変わってきているということと、その変化を政府がしっかりと支援しようとしていることでしょう。

　これは上場企業だけではありません。現在、企業の区分は大企業と中小企業の２つだけ。そして、中小企業は法で守られた結果、企業の数ばかりが増え、一方で中小ゆえできることは限られるため社員の給料も増えませんでした。そういったことが回りまわって日本経済全体を不活性化させていたわけです。日本経済が不活性化すれば、大企業、上場企業だってなかなか儲かりませんから。今回、従業員2000人以下の会社は中堅企業と位置付けて、中小企業と同等、またはそれ以上に様々な支援を行っていこうという方針を掲げ、今国会での成立を目指しています。

■デフレ脱却と マイナス金利解除の関係

――マイナス金利がいよいよ解除されようとしている点はどのように見てい

外国人投資家が日本株を買うに至った背景

日本銀行　高田創審議委員の発言
「デフレ脱却にようやく見通しが立ってきた」

デフレの世界＝マイナス金利を解除
もうマイナス金利は不要だという社会的なコンセンサスがとれた

内田副総裁の発言
「マイナス金利解除後の急激な金利引き上げは考えづらい」

外国人
投資家が
買う

株高

ますか。

田嶋　もちろんデフレ脱却とはまだ言い切ることはできない状況で、結果的に4月、5月になったらまたデフレに戻るかもしれないわけですから、そこは何とも言えないのですが、「ようやく見通しが立ってきた」という高田審議委員発言というのは、あくまで1人の見通しではあるけれども、全体の環境状況は整ってきつつあるのでしょう。

　それらが整いさえすれば、もはやマイナス金利の副作用を取り除くことぐらいはすべきだろうというのが、社会的なコンセンサスであると言っていいと思います。

──副作用とは何ですか。

田嶋　マイナス金利を続けるということは、つまり金を貸す側が利子を払うということ。やはり、マイナス金利の

世界というのはデフレの世界であり、それを続けるということはいつまで経ってもデフレから脱却できていないということです。

　ここに来てコストプッシュインフレにはなったけど、そんなものは定着するかわからない。例えば原油価格や天然ガス価格が下がれば、それによって貿易収支が黒字化して円高方向に向かい、結果として日本の企業は儲からなくなるという話にもなるわけですよ。それはある程度そろそろ大丈夫だというところにまで持っていくだけの時間が必要だったことは事実だけど、それでもマイナス金利はもういいだろうと、コンセンサスとして広がったと見ていいでしょう。

──株式市場にとっては、マイナス金利政策の解除自体よりもそのコンセンサスが取れたということのほうが重要

13

というわけですね。

田嶋 もちろんです。NISAのおかげで最近は日本の個人投資家も多少動いていますが、そもそも日本の株価は外国人投資家が動かしてきたわけで、今もそうです。2月8日の内田田副総裁の「日銀のマイナス金利の解除後、どんどん利上げすることは考えにくい」という旨の発言があるまでは、外国人投資家は、日銀はどんどんこれから利上げしていくだろうと考えていました。

だから内田副総裁の発言は、実は日本国内に対して向けられたものではなくて、その外国人投資家と言われる人たちに対して、安心して日本株を買っていいですよというメッセージだったわけです。外国人投資家の中でのコンセンサスが、内田副総裁の発言によって形成されたということですよね。

——内田副総裁の発言も、現在の株高においては非常に重要だったわけですね。

田嶋 私もマイナス金利解除については警戒していまして、昨年の秋口ぐらいから年明けぐらいまでは、株安要因になるのではないか、と。

ですが、先ほど申し上げたように時間の経過の中でコンセンサスが得られて、国内の株式市場の株価はもう織り込み済みです。

市場は織り込んだものに関してはもう反復しませんから、むしろ次に何が出てくるかというときに、ゼロだった金利が1％になり2％なり4％になり、どんどんプラスの方向に利上げされてしまうのであれば、ちょっと考えなきゃいけないと思っていたところに副総裁の発言があって一気に安心感が広がったということです。

■ 25年3月期の日経平均は 42000〜43000円になるか?

——今後の株式市場の動きについては、どう考えますか。

田嶋 今の日本企業の株価収益率（PER）の平均は16.5倍ほどです。でもアメリカの企業は25〜26倍あるわけです。だから日本も25〜26倍になればいいという話ではないのですが、かつて、特にリーマン・ショック以降は、長らく日本の株価は、せいぜい株価収益率が15倍から15.5倍ぐらいまで上がったらもう割高だと言われていました。

これはなぜかと言えば、欧米の企業と違って稼ぐ力がないため、15倍がせいぜいだろうと言われていたんです。

今後、日本株の買いが増えるに至る要因

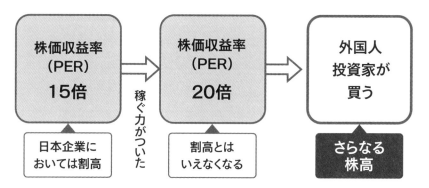

```
┌──────────────┐    ┌──────────────┐    ┌──────────────┐
│  株価収益率   │ 稼  │  株価収益率   │    │   外国人      │
│   (PER)      │ ぐ  │   (PER)      │ →  │  投資家が     │
│   15倍       │ 力  │   20倍       │    │   買う        │
└──────────────┘ が  └──────────────┘    └──────────────┘
      ↑          つ        ↑                   ↑
┌──────────────┐ い  ┌──────────────┐    ┌──────────────┐
│ 日本企業に    │ た  │  割高とは     │    │  さらなる     │
│ おいては割高  │     │  いえなくなる │    │  株高         │
└──────────────┘     └──────────────┘    └──────────────┘
```

ところが、ここにきて稼ぐ力が上がってきたと見方が変わってきた。であれば、日本の株も株価収益率が20倍、22倍というレベルに買い上げられることがあってもおかしくはないという考え方に変わってきているわけです。

多くの上場企業が2024年3月期、3期連続で純利益は前期比で13%ぐらい増加する見通しになっています。

さらに25年3月期、つまり来期も、上場企業の純利益は全体としておそらくプラスと見通されていて、10%ぐらいの増加になるならば、日経平均株価の1株当たり利益は、2500～2600円となり、それにPER16倍をかけたら、4万2000円になります。

要するに目標株価は4万2000円、4万3000円あたりと考えられます。だからこの24年3月期の決算が早い企業で4月の下旬から発表になり、5月

の半ばに一巡したとき、各企業が2025年3月期の予想を出しますよね。この時点で、1株当たり利益の平均値が、例えば2500円ほどになっていたら、4万円よりも上の水準を試しに行くという話になるわけですが、それがまたタイミング的に興味深いところです。

さらに期末決算の発表時点では、多くの企業が来期見通しを控えめにはじき出す可能性が高くて、来期予想が出揃った時点で、市場が期待するほど来期予想が高くなかった場合、つまり5月、6月ぐらいに少々まとまった株価調整もありうるでしょうね。

──来季決算が控えめであろう可能性は、どのあたりから考えられるんでしょうか。

田嶋 そもそも、企業の発表は常に控えめなんです。今時点で言えば、11月に行われるアメリカの大統領選挙、

田島氏が考える決算のタイミングで株価調整の可能性

2桁増益を予想

株式市場の期待 →
- 2023年度（2024年3月期）決算
- 2024年第1四半期決算
- 2024年度（2025年3月期）業績予想

企業の業績が上がるだろうという観測

いずれかで期待を下回った場合、株価調整の可能性はある

中東情勢の変化などがあるなかで、今期末が終わって来期の予想を行うのは企業にとって非常にリスクがありますから。増収増益にはするけれど、せいぜいこのぐらいにさしといてもらえないかといった予想の出し方をしてくるわけです。

そして、4〜6月が調子よかった場合は、第1四半期決算の発表時に上方修正をするでしょう。そして、中間決算の発表時にさらに上方修正をする。今期もそのパターンでしたが、来期もそのパターンになると思います。

それでも市場は来期も大幅増益だろう、1株当たり利益は2600円になるのではないか、と思っているわけです。それに対して、「あれっ、それほどでもないな」という状況になる可能性は高い。そうするとやはり5月、6月は、例年比較的株価の上値が重くなりやすいということと、企業が控えめになる理由ってのは、つまり何があるかわかんないっていうですよね。

——この第1四半期、第2四半期の決算発表を経ていくタイミングで、株価調整が入る。

田嶋 いちばん調整が入るのは、今期末決算が発表されたとき、そして次に第1四半期の決算の発表があったときでしょう。市場はすでに期待度を高め、先走っている。その先走った期待や予想を裏切るような実態が出てくると、その時点である程度、株価調整が入る。でも、結果的に着地点はおそらく2桁増益で行くと思いますし、いったん下げたところはまた押し目買いのチャンスということになるんだろうとは思います。

| 本書の使い方 |

掲載テクニックは、NISAで投資する際に使える稼ぎ技として、章ごとに「基本」と「応用」に分かれています。一部、『株の稼ぎ技　〜植田日銀の金融政策編』に掲載された識者・トレーダーのテクニックを、データを更新して再編集しています。ページ下部の欄外では、用語の解説を行っています。また、左側の柱に3つのアイコンを掲載しています。信用取引など、NISAでは利用できないテクニックは「NISA対応外」、特定の時期にのみ有効なテクニックは「時事」。有用なテクニックではありつつも損失リスクがあるものは「リスク大」としています。

基本／応用

一般的に使われているセオリーを基本ワザ、基本ネタからステップアップしたテクニックを応用ワザとしています

執筆者名

アイコン

時事
特定の時期に有効なテクニック

リスク大
有用ではあるが損失を追う可能性があるテクニック

NISA対応外
NISA制度では利用できないテクニック

用語解説

基本 lecture 049
優待新設や変更は「適時開示情報」でチェック

「適時開示情報」で検索時間を短縮

優待の新設や取得条件の変更などは各企業のウェブサイトで確認できるが、一つひとつ確認していくのは手間がかかる。

そんなときは「TDnet　適時開示情報閲覧サービス」を使ってみよう。「適時開示情報検索」で「優待」と検索をかければ、事前登録なしで、日本取引所グループ（JPX）に所属する企業の最新情報が表示さ

る。特に「優待内容の変更」「優待制度の導入」のお知らせが有力な情報となる。ただし、検索できる情報は過去1カ月までだ。

また、同株の内容は日経電子版でも閲覧が可能だ。こちらは気になる銘柄をまとめてリストにすることもできるが、日経電子版のアカウントの作成が必要となる。

速報性・信頼性ではTDnetに劣るが、「net-ir」でも優待の新設・変更情報を調べることができる。

優待情報のスクリーニング方法

1 キーワードを入れる

TDnet（https://www.release.tdnet.info/index.html）のウェブページに飛んだら右上の「キーワード検索」に「優待」と入れる。

2 一覧を表示

優待に関する情報を出した銘柄が表示される。

3 書類を確認

「表題」をクリックすれば企業が提出した書類を閲覧できる。

知っておきたい！
表示期間に注意
適時開示情報サービスでは、当日から過去1カ月までの情報しか閲覧できない。気になる銘柄がある場合は遡って優待情報を確認したい場合は企業のウェブサイトで直接確認しよう

スクリーニング ▶ 条件にあった銘柄を選出する作業

巻末特典！
投資家たちの取引手法とニュース解説！

contents

Section 1. 株式投資の基本

Section2. 配当と優待

Section3. IPO・銘柄選択

Section4. チャート・テクニカル

Section5. ファンダメンタルズ

株式投資の基本

NISAで始める株式投資を中心に、チャートの構成要素や注文方法、
証券所のしくみを解説。
また、投資戦略の基礎となる順張り・逆張り、
NISA以外の口座による貸株制度、信用取引二階建てなど
ステップアップを目指せるワザも紹介。

新NISAでは年間240万円まで非課税で株式投資ができる

大幅に拡充された「新NISA」の特徴を知る

通常、金融商品の運用益や配当金には20.315％の税金が課せられる。

これを非課税にしながら運用できるのが、NISAというシステムだ。一定の投資金額内であれば、得られる運用益や配当金に税金がかからなくなる。

NISAには投資信託の積み立てを行う枠と自由に株を売買できる枠の2種類がある。2024年に始まった新NISAでは、「つみたて投資枠」が年120万円まで、「成長投資枠」が年間240万円まで、合計360万円を1年間で投資でき、運用益や配当金が非課税になる。

非課税期間は無期限で、NISA口座、かつ投資金額の枠内であれば、いつ売却しても課税されない。一生涯の投資上限額は1800万円（うち成長投資枠は1200万円）までとなっている。

新NISAの特徴

	つみたて投資枠	成長投資枠
非課税期間	無期限	
年間投資枠	120万円	240万円
生涯投資上限	1人あたり1800万円(うち成長投資枠1200万円) 売ったことで空いた枠が投資枠として復活する	
投資商品	国が定めた基準を満たす 投資信託・ETF	上場株式・ETF REIT・投資信託
投資方法	積立	一括・積立
資産引き出し	いつでも	
対象年齢	18歳以上	

基本 lecture 002

成長投資枠は 株、投信、ETF、REITが買える

基本的な金融商品は ほぼ全て非課税で運用できる

新NISAで一本化された２つの枠は「つみたて投資枠」と「成長投資枠」と呼称するが、その基本的な性質は一本化される前と大きくは違わない。

つみたて投資枠で買えるのは投資信託である。金融庁の厳格な基準をクリアした商品だけがラインナップされており、毎月金額を積み立てていく方式だ。

一方の成長投資枠では、比較的自由に売買を行うことができるのも特徴だ。つみたて投資枠以上の投資信託（投信）に加えて国内外の株やETF、IPOなど幅広い商品を購入することができる。

投資形態も自由だ。積み立て投資のようにゆっくり投資したり、積極的に投資していくこともできる。

ただし、投資した枠は売却してもその年には復活せず、次の年に復活することに注意。

新NISAで扱う金融商品

	つみたて投資枠	成長投資枠
インデックス/バランス型投信	あり（227本）	あり
アクティブ型投信	あり（46本）	あり
上場株式	なし	あり
ETF	あり（８本）	あり
REIT	なし	あり

基本的には投資信託だけを買える

一部を除くほぼ全ての金融商品が買える

新NISAは 長期投資に向いている

■非課税上限額が増え、非課税期間も無期限に

枠内であれば運用益や配当金への課税が無期限にされないことから、新NISAは長期投資に向いているということができる。

株価は短期で見ると需給によって、長期で見ると業績によって形成される傾向にある。

業績が好調であれば、将来的に株価は少しずつ上昇していくと考えられる。また、配当金は業績がよければそれに比例して増額される傾向にある。

あくまで業績が好調であるという前提があるが、こうした企業に投資できれば、成長によるキャピタルゲインや配当金が増えていくのである。

それらを非課税で全額受け取れるという点において、投資枠と期間が大幅に増えた新NISAは、長期投資に向いているといえるのである。

資産運用の考え方

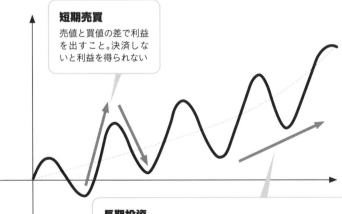

短期売買
売値と買値の差で利益を出すこと。決済しないと利益を得られない

長期投資
・安定した収益を継続的に得られる可能性がある
・企業の成長により、とうし投資の収益が緩やかに上昇
・利益を手堅く得やすいため、新NISAに向いているといえる

NISAでは
成長株の銘柄を保有する

増収増益・高ROE銘柄が おすすめ

　株の運用益や配当金にかかる税金が非課税になるNISAでは、長期投資と相性がよいので、投資する銘柄も同じように長期的に成長できる見込みのあるものを探すのがよい。

　成長性が見込めるのとしては売上高や営業利益、EPSが年々上がっている増収増益のものや、ROEが高いものなどが挙げられる。

　増益増収の銘柄は、ざっくり言えば『会社四季報』などで過去5年程度の売上高・営業利益が右肩上がりにあがっているものが当てはまる。予想2年間の数値も上昇していると、なお成長が見込める。

　ROEとは自己資本利益率という。株式などで得た資金を元手にどれほど利益を出したかを示すもので、これが高いほど経営効率が高い。

　こうした銘柄を保有しておくことで、株価や配当金額が大きく上昇したときにその恩恵を受けやすい。

有望銘柄の見分け方

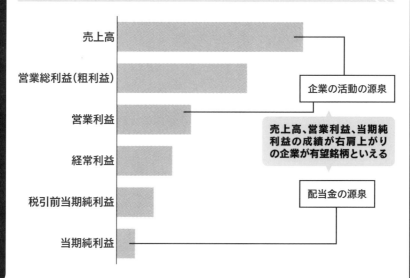

売上高

営業総利益（粗利益）

営業利益

経常利益

税引前当期純利益

当期純利益

企業の活動の源泉

売上高、営業利益、当期純利益の成績が右肩上がりの企業が有望銘柄といえる

配当金の源泉

EPS ▶ 純利益を発行済み株式で割った「1株あたりの純利益」のこと。EPSの数値が高いほど企業の収益力が高いと判断できる

NISAは投資枠ごとに
プランを立てる

それぞれを独立させたうえで、合わせて考える

2024年から制度が変わったNISAでは、それまで「積立投資」か「通常投資」のいずれかしか利用できなかったが一本化され、どちらも行うことができるようになった。

せっかくどちらも利用可能になったのであれば、どちらか片方しか使わないのはもったいない。そこで、その両方を活用できるものとして「コア・サテライト戦略」という手法を紹介する。

これは資産運用の主軸として安定的かつ長期的に運用する「コア資産」とリスクを取りつつより高いリターンを目指す「サテライト資産」を組み合わせることで、リスク分散しながら大きな利益を目指す考え方だ。コア資産はつみたて投資枠、サテライト資産は成長投資枠としてそれぞれの具体的な投資プランを考えることで、より効率的な資産運用ができる。

コア・サテライト戦略

資産運用の要になるもの
つみたて投資枠向け
中長期的に見て安定した値動きのものがポイント

サテライト資産
REITなど

サテライト資産
国内外株式など

コア資産
インデックスファンド、
バランスファンドなど

リスクをとって高いリターンを狙うもの
成長投資枠向け

サテライト資産
FX、
仮想通貨など

NISAではコア資産中心での運用が基本！
サテライト資産はコアの利益に大きな影響を与えないプランにしよう

証券会社を選ぶときの 3つの条件

伊藤亮太

手数料・商品種類と 相談のしやすさの3つ

　どの証券会社で口座を開くべきか。大きなポイントは3つある。ひとつ目は、手数料だ。株式の売買手数料、投資信託の販売手数料などに注目しよう。特に、株式の売買手数料は、ネット証券会社が圧倒的に安い。こうした手数料部分を比較し、安い証券会社を選択するとよいだろう。

　2つ目は、取り扱う金融商品の種類だ。証券会社によっては、日本株中心という場合もあれば、総合的に多様な金融商品を取り扱う場合もある。種類が豊富なほうがよいのか、日本株専業で行くのかにより、証券会社の選別は異なるだろう。

　3つ目は、相談のしやすさ。対面の証券会社は担当者によるフォローが受けれる。もちろん、ネット証券でもそうしたフォローが受けれるケースもある。こうした点から証券会社を選ぶとよいだろう。

各証券会社が取り扱う主な商品・サービス

	SBI証券	楽天証券	松井証券
日本株	○	○	○
外国株	○ ネット証券でも最多の9カ国の株式を扱う	○ アメリカ、中国、アセアン4カ国などを扱う	△ 米国株のみを扱う
投資信託	○	○	○
相談窓口	電話・チャット	電話・チャット	電話・チャット
特徴	取り扱い銘柄が多く、IPO銘柄も豊富に取り扱っている	楽天ポイントを貯めるだけでなく投資に使うこともできる	人気サービス「一日信用取引」など独自のサービスを展開

※2024年2月時点

ネット証券大手なので投資を始めるにはよい

デイトレードを始めるならおすすめ

基本 lecture 007

口座は「特定口座」か「NISA口座」 を選択する

三井智映子

特定口座を選択することで 書類作成の手間を省略できる

株式投資をするには口座を開設する必要があり、主に「特定口座」「一般口座」「NISA口座」に分けられる。特定口座は、証券会社が1年間の取引をすべてまとめて年間取引報告書を作成してくれるもの。対して一般口座は、特定口座やNISA口座で管理していない上場株式などを管理する口座であり、取引報告書を自分で作成する必要がある。

一般的な株式投資をするなら特定口座がよい。「源泉徴収あり」を選べば確定申告は不要。「源泉徴収なし」なら税金を払っていないので、自分で確定申告する必要がある。

特定口座、一般口座、どちらも利益に対して20.315%課税されるが、NIS口座であれば非課税になるため、NISA口座は年間取引報告書も発行されない。証券会社ごとに開設できるが、NISA口座は全体を通して1口座しかつくれない。

株式投資における口座の種類

	確定申告※	年間取引報告書	特徴
一般口座	必要	自分で計算して作成	特定口座に対応していない単元未満株などの売買を行う場合に開設する
特定口座（源泉徴収あり）	選択不要	証券会社が作成を代行	自動的に税金が引かれる。利益が20万円以上でも確定申告の手続きを省略できる
特定口座（源泉徴収なし）	必要	証券会社が作成を代行	利益が年間20万円であれば非課税のため確定申告は不要、かつ税金が引かれない
NISA口座	不要	不要	運用益や配当への税金が非課税になる。テクニック014と016参照

※利益が年間20万円以上の場合

NISA口座を選択する際、加えて特定口座と一般口座のいずれかを選択する

基本 lecture 008 ひとつのローソク足から4つの価格情報を読む

ゆず

実体とヒゲで構成されている

ローソク足は、一定期間の株価の動きを示したもので、形がローソクに似ているため、そう名付けられている。

ローソク足には始値、終値、高値、安値の4つが示されており、実体とヒゲの2つで構成される。

実体は始値と終値の範囲を四角く囲んだもので、値上がりを示す陽線は白か赤、値下がりを示す陰線であれば黒か青で表示される。ヒゲは始値と終値を超える値動きを示したもので、高値から実体に引かれたものを「上ヒゲ」、安値から実体に引かれたものを「下ヒゲ」と呼ぶ。

後述するテクニック114、115のように、ヒゲと実体の長さを見ることで、相場がどんな状態だったのか一目で判断できるのが、ローソク足の特徴である。

基本 lecture 009 チャートに書かれた3つの要素を読む

ゆず

3つの要素から構成される

チャート（株価チャート）とは、1日、1週間、1カ月といった期間の株価をグラフ化して見やすくしたもの。株価を見ただけでは、安いか、高いかを判断できないが、株価チャートを用いてテクニカル分析をすることで、高いか安いかを判断したり、売買の参考にできる。また、相場のトレンドや過熱状態などを捉えるために活用することも可能だ。

ローソク足、移動平均線（テクニック135参照）、出来高（テクニック132参照）と主に3つの要素からチャートは成り立っており、ローソク足で一定期間の値動きを、移動平均線で株価のトレンドを、出来高で投資家からの注目度がわかる。株価の安値圏や高値圏で出来高が急増すると相場の転換サインのひとつと捉えられる。

テクニカル分析 ▶ 過去の値動きをもとに分析を行い、そこからトレンドやパターンなどを把握し、将来の値動きを予測して売買判断をする手法

株式投資では2種類の利益を狙うことができる

三井智映子

キャピタルゲインとインカムゲイン

投資で得られる利益は、大きく分けるとキャピタルゲイン（Capital Gain）とインカムゲイン（Income Gain）に分けられる。

株式投資におけるキャピタルゲインとは、株式を購入した際に、その株価（資産価値）が上昇すると得られる利益のこと。例えば、1万円で株式を購入して、1年後にその株式の価値が1万5000円になって売却した場合、5000円のキャピタルゲインを得られる。

インカムゲインとは、配当などによって得られる利益のことだ。株式を保有している場合、その企業の配当金や株主優待がインカムゲインとなる。キャピタルゲインと異なり、資産価値の変動に左右されず、安定した収入が得られるため、収益の多様化をはかるためにも重要だ。

投資は順張り手法が一番負担がない

三井智映子

比較的安心して利益を得らえる基本的な手法

順張りとは、株価が上昇トレンドにある銘柄を買い、下降トレンドにある銘柄を売る取引のことで、相場の流れに乗る取引方法。

この手法が使いやすい理由としては、相場の流れに沿って取引するため、予測がしやすくリスク管理が容易であること。また、トレンドに沿った銘柄を選ぶことで、投資初心者でも比較的安定した収益を得ることができるため、市場調査の負担も少なく、気軽に取引できることなどが挙げられる。

また、順張りによる取引は、相場の流れに乗るため、一般的に心理的負担が少ないとされている。ただし、順張りでも相場が急落するような極端な状況では損失を被る可能性があるため、資金管理やリスク管理は必須である。

逆張りを行うときは
反発を確認してから買う

リスク大

逆張りでのリスクを抑えるには「待ち」が重要

逆張りとは、相場の流れに逆らった手法のこと。株価が下がっているときに安く買い、株価が上がっているときに高く売る。

順張りと比べてより大きな利益を狙えるが、その分リスクも大きくなる。トレンドに逆らって売買する手法であるため、続落（売り方の場合は踏み上げ）のリスクを抑えるには、できるだけ反転（空売りの場合は反落）の可能性が高いときを狙いたい。例えば、長い下ひげを付けたときやダブルボトムとなったとき、直近の安値を割らなかったときなどは反転の可能性が見込める。チャートで底値となっている価格帯出来高（テクニック133参照）が多い場合も、さらに安くなる可能性が小さくなるため、逆張りのリスクを抑えることができる。

逆張りを行う際には、ぜひ押さえておきたい。

逆張りのタイミングの例

[レオス・キャピタルワークス(7330) 日足 2023年8月～2024年2月]

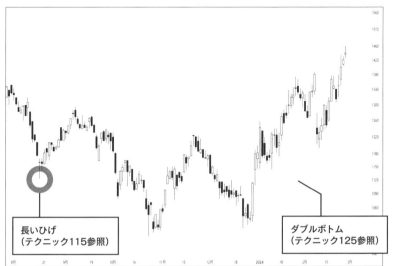

長いひげ（テクニック115参照）

ダブルボトム（テクニック125参照）

指値注文と成行注文を
使い分ける

価格を決められる「指値」
すぐ約定させる「成行」

　株式投資を成功させるには、注文を出すタイミングが重要。そこで「指値注文」と「成行注文」を使い分けよう。

　指値注文とは、投資家が売買価格を指定して注文する方法のこと。希望した価格で売りたい、買いたいといったときに使う。仕事などで手が離せないときでも注文を出しておけるので活用しよう。

　ただし、その価格にならなければ注文が成立しない点には注意が必要である。

　成行注文は、値段を指定しない方法のこと。そのときに出ている最も低い買い価格で売り注文、あるいは、最も高い売り価格で買い注文が成立する。

　ちなみに、成行注文は指値注文よりも約定が優先されることは覚えておきたい。

「指値注文」と「成行注文」の違い（買いの例）

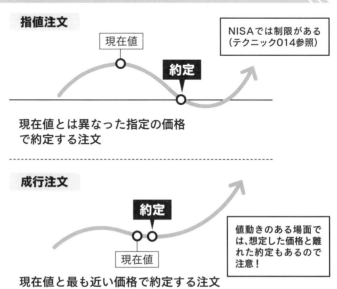

指値注文

現在値

NISAでは制限がある
（テクニック014参照）

約定

現在値とは異なった指定の価格
で約定する注文

成行注文

約定

現在値

値動きのある場面では、想定した価格と離れた約定もあるので注意！

現在値と最も近い価格で約定する注文

NISAでの制限も踏まえた 指値・成行

NISAでは 指値だけできる

NISA口座の成長投資枠における現物株を購入する際は、指値注文のみが可能となっており、成行や指定価格より高くなったら買い、指定より低くなったところで売る逆指値などは選択することができない。

なお売却注文を出すときは、指値に加えて成行や逆指値も選択することができる。

ただ一方で、NISA口座で売買できる単元未満株においては、指値での注文はできない。すべて成行注文でのみ取引となっている。よって、単元未満株を購入するときはほぼ全ての場合、株価よりも高く購入し、株価よりも安く売却することになる。購入の金銭的ハードルは小さいが、その分売買時にデメリットもあることに注意が必要だ。

ただし、単元未満株を購入し続けて単元株になれば、指値での売却も可能になる。

NISA口座で売買するときの方法

	NISA・現物取引	NISA・単元未満株
買い注文	指値注文のみ	成行のみ
売り注文	指値・成行・逆指値	成行のみ（単元になれば指値、逆指値も可能）

それぞれ特徴は一長一短 購入できる金額や目的に応じて使い分ける

想定外の損失を防ぐには
逆指値注文を使う

決済は自動的に
実行されるように設定

　人はいざ損失を出すと「今、決済すると損失が確定してしまうが、今後伸びるかもしれない」「10万円の損も15万円の損も変わらない。マイナスがなくなるまで持っておこう」など、決めた損切りルールを変えてしまう傾向がある。

　そこで活用したいのが「逆指値注文」だ。

　これは、現在の価格より下がった場合に指定した価格で決済される（売りの場合は現在の価格よりも上がった場合）という注文だ。

　買いの場合は、下の価格に注文を出すことで自動で損切りができ、これによって冷静に取引することができる。損切りラインは節目や移動平均線を通過するなど、状況によって変更しよう。

逆指値注文を使って自動的に損切りする

[TOKYO INFRASTRUCTURE ENGY INV CORP（9285）　日足　2023年6月〜9月]

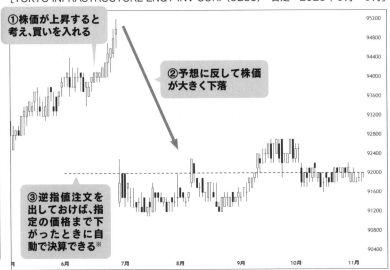

①株価が上昇すると考え、買いを入れる

②予想に反して株価が大きく下落

③逆指値注文を出しておけば、指定の価格まで下がったときに自動で決算できる※

※図のようなギャップのある下落の場合で、指定した価格がギャップ内の価格だと指定した価格ではなく、ギャップで到達した価格で執行される

株式は原則「単元」ごとに売買する

三井智映子

日本株は原則100株から購入できる

日本の株式相場では、株式を単元という単位で売買することが一般的だ。株式の単元とは、一度に取引可能な最小単位のこと。

日本の上場企業の売買単位は、投資家の利便性から徐々に集約されており、現在は100株に統一されている。つまり、日本株を購入、売却する場合は、原則100株単位で売買する必要があるということだ。

なかには単元未満の株式を取引できるサービスを提供する証券会社もあるが（テクニック020参照）、配当金や株主優待がもらえる、議決権などが行使できるといった株主の権利を得るためには1単元以上持つ必要がある。

なお、米国株は原則1株から取引可能であり、単元は国によっても異なる。

東証は3つの市場に分かれている

三井智映子

最も基準が厳しいプライム市場

東京証券取引所（東証）では2022年4月4日より、「プライム市場」「スタンダード市場」「グロース市場」の3つの市場区分となった。

プライム市場は、グローバルな投資家との建設的な対話を中心に据えた企業で構成され、新規上場および上場を維持するためには、株主数800名以上、流通株式数2万単位以上、流通株式時価総額100億円以上、流通株式比率35％以上、時価総額250億円以上などの基準がある。スタンダード市場は公開された市場における投資対象として十分な流動性とガバナンス水準を備えた企業、グロース市場は高い成長可能性を有する企業と定義されている。これらの市場区分を理解し、企業の特性に基づいた投資戦略を検討することも、投資成功の鍵となるだろう。

基本 lecture 018 株式市場の開場時間を 意識して売買する

ゆず

株式を売買できるのは 平日の5時間

　株式は証券取引所で売買が行われており、取引を行う時間が決まっている。東証の場合、9時に取引が開始され、11時30分から12時30分まで休憩を挟んで、15時まで行われる。午前の取引時間を「前場（ぜんば）」、午後の取引時間を「後場（ごば）」と呼ぶ。注文は、午前は8時から、午後は12時5分から受け付けている。また、取引は月曜日から金曜日までの平日に行われ、土日祝日と年末年始（12月31日から1月3日）は取引が行われない。

8:00	注文受け付け開始
9:00	取引開始（寄付）
～	
11:30	前場が終了
12:05	注文受け付け開始
12:30	後場が再開
～	
15:00	取引が終了（大引け）

基本 lecture 019 ストップ高が発生した銘柄は 安易に手を出さない

リスク大

過度な株価変動を 抑えるための制度

　株価が変動しすぎて投資家の財産が一気に消失してしまうのを防ぐために、株価には値幅制限が設けられている。この値幅制限の上限を「ストップ高」、下限を「ストップ安」という。

　ストップ高になった銘柄は出来高が異常に高まることから「買いのチャンス」と考えられているが、2017年発行『株暴騰の法則』（スタンダーズ）の検証によると、過去26年間のストップ高になった銘柄を翌日の寄付で買い、含み益が10%、もしくは含み損が10%になって売った場合、勝率が38.72%、平均損益が－1.46%の負け越しという結果になった。ストップ高を付けてもすぐ飛びつくのは避け、翌日以降の動向を様子見してから慎重に買うのが無難といえる。

高額な銘柄は単元未満株で少額から買う

一度では手が出せない高額株も購入可能！

通常の株取引では、各銘柄毎に売買の最低単位である単元株数が決まっている。100株を単元株数としている企業が多い。単純に考えると、株価が1万円を超えている銘柄を買うには、100万円以上必要になる計算だ。

そこで活用したいのが、「単元未満株」という制度だ。

単元株数に関わらず取引が可能になるため、高額な成長株などでも少額の資金で買い付けたり、未満株を合算して1単元にすることができる。ちなみに、単元未満株は、株主総会における議決権の行使は認められないが、配当の配分や株式分割の割当は、保有株数に応じて正規配分される。

また、単元未満株はNISAでも購入が可能だ。

気軽に投資を始められるポイント投資

伊藤亮太

ポイント投資から始めて心理的な負担を抑える

投資初心者の多くが、自分の財産を増やしたいものの、マイナスになるのは嫌だという発想を持つ。そうしたときは、心理的な負担が低いといえるポイント投資（運用）から始めてみてはどうだろうか。

例えば、楽天では、楽天ポイントを使ってアクティブコースとバランスコースの2通りで運用できる。ア

クティブコースは積極的な運用を目指す人向けで、日々の値動きが大きい。バランスコースは、安定的な運用を目指す人向けで日々の値動きは小さい。利益が出た分は楽天ポイントとして返ってくる。楽天をよく使う人の場合、楽天ポイントをすぐに使わずに運用して増やすといった選択肢もあるのだ。証券会社によってはdポイント、LINEポイント、Vポイントなどでも投資できる。

ポイント投資　▶ ポイント投資はNISAでも利用可能だが、会社やサービスによっては利用できないケースもあるので注意

基本 lecture 022

金融機関が破綻しても証券の権利は守られる

1人あたり最大で1000万円まで補償される

　金融機関は、投資家と金融機関の資産を「分別管理」することが義務づけられている。分別管理が行われていることによって、金融機関が破綻しても、原則投資家の資産に影響はなく、破綻した金融機関から、自分の金銭や有価証券を返還してもらうことが可能。

　万が一、分別管理の義務に違反したことによって投資家の資産が円滑に返還されない場合、日本投資者保護基金が、投資家1人あたり1000万円を上限に、返還を受けられなくなった金銭と有価証券の価値（時価）を補償する。補償の対象には、株式の取引や投資信託の取引（いずれも海外で発行されたものを含む）に加え、株式の信用取引に係る保証金（委託保証金または委託保証金代用有価証券）が含まれる※。

応用 technique 023

貸株制度によって株を貸してお金をもらう

⚠ NISA対応外

塩漬け株を「貸して」有効活用させよう！

　このテクニックは、塩漬け株を保有している投資家にメリットがある。貸株制度とは、顧客が証券会社に対して株式を貸し付け、信用取引に使う制度のこと。

　例えば、楽天証券でクオンタムソリューションズ（2338）を貸し出すと、3％の貸付金利を受け取れる（2024年2月現在）。

　ただし、通常、貸出した株式の所有権は貸出し先に移転する。そのため、権利確定日に株式を保有していた場合にもらえる「配当金」が受け取れなかったり、権利確定日を越えて貸株をすると株主優待権利を失う可能性がある。ただし、権利確定日に一時的に貸株を戻す設定ができる証券会社もある。株主優待権利の詳細はテクニック024を参照。貸株制度はNISAでは利用できない。

※ただし、信用取引の未決済建玉に係る評価益や貸株は、分別管理および投資者保護基金の補償の対象外

応用 technique 024 貸株でも配当や優待を取得できる

伊藤亮太

事前に設定するだけで受け取れるようになる

株式をただ保有するだけであれば、値上がり益、そして配当や優待を取得するだけだが、貸株を利用すれば金利収入も得ることが可能となる。

ただし、貸株の場合、株主優待を受け取ることができない場合がある。では、どうすれば貸株でも優待を受け取れるのだろうか？

例えば、楽天証券では貸株を行うときに「株主優待優先」や「株主優待・予想有配優先」の設定を行うことができる。こうした項目を有効にしておくことで、優待を受け取ることが可能となる。

普段は貸株で金利収入を得つつ、権利確定日には優待や配当を受け取れるように手配すると、優待＆金利生活を享受できるようになり、日々の生活の楽しみが増えることになるかもしれない。

楽天証券における3つの貸株の設定

金利優先
株主優待を受け取ることはできないが、金利が通常の5倍になる

株主優待優先
株主優待の権利確定日（テクニック037参照）になると、自動的に株式が返却され、株主優待の権利を取得できる

株主優待・予想有配優先
株主優待や配当金の権利確定日になると、自動的に株式が返却され、株主優待や配当金の権利を取得できる

欲しい優待や高配当の場合は選択！

※貸株の場合、所有者が移転している状態になるため、優待の発行会社の条件によっては継続保有・長期保有優待（テクニック053参照）を受け取れない可能性が高い

分別管理　▶　金融機関は、投資家の金銭や株式などの有価証券を金融機関自身の資産とは区分して管理しなければならない。これを「分別管理」という

基本 lecture 025 余剰資金で 余裕を持って投資する

冷静な判断を進めるために 投資額をコントロールする

安全に投資を行うための資産管理のテクニック。

上昇相場が続くと、下落時の反動が大きくなりやすい。自分の資金を把握したうえで、余剰資金でチャンスを掴むことが重要だ。

例えば、1000万円の資金を保有している人が50%の資金を使って株を購入し、500万円を失った場合、失った500万円を取り戻し、さらに利益を得るには500万円以上、つまり101%以上の利益を出す必要がある。

このとき、1000万円の資金が余剰資金なのか、全財産なのかが大きなポイントとなる。もし生活費から捻出したものであれば、冷静な判断では投資できないだろう。余剰資金を明確に把握したうえで余裕を持って相場に臨もう。

基本 lecture 026 安定したマインドで 売買する方法

過去のチャートを見て 株価変動を予測

株は生き残れば生き残るだけ有利で、経験すればするほど勝ちやすくなるものである。そのため、目先の損失や利益に振り回されたり、資産のボラティリティを求めすぎたりすると、それだけ退場リスクが大きくなってしまう。

株は末永くマイペースで楽しむという意識で、売買に取り組むことが、資産増加の近道だ。マイペースに売買を行うには、相場や株式に対して安定したマインドを持つ必要がある。銘柄ごとの売り判断の基準として、株価が最も下落したときや、下降トレンドから上昇トレンドに転換したときの傾向を把握しよう。投資銘柄の過去チャートだけでなく、同業他社や取引企業の過去チャートも確認し、同じような株価推移がないか確認するのもおすすめだ。

リスクリワードで資産管理を行う

三井智映子

勝率が低くても利益を上げるための考え方

リスクリワードとは、投資家がリスクを取ることによって得られるリターンと比較して、その投資に伴うリスクの程度を示すもの。仮に勝率が低くても、リスクリワードの比率（リスクリワードレシオ）がよく、利益が損失を上回る取引を続けていれば収益を積み上げられる。

リスクリワードレシオは、平均利益÷平均損失で算出する。自身の過去の投資結果を記録し、実績をリスクリワード比率と勝率で数値化して分析、改善することで効率的な資産管理が可能となる。

リスクリワードレシオを高めるためには損小利大を心がけるよう。また、エントリー前にリスクリワード比率をチェックして、低いトレードの場合は取引を見送ったり、損切りのラインを早い段階で設定するよう検討することが利益にも資金管理にもつながる。

リスクリワード比率の考え方

取引回数	1回目	2回目	3回目	4回目	5回目
損益	＋30万円	−14万円	＋16万円	＋20万円	−8万円

平均利益＝（30万円＋16万円＋20万円）÷3回＝22万円
平均損失＝（14万円＋8万円）÷2回＝11万円

| 平均利益 **22万円** | ： | 平均損失 **11万円** | ＝ | リスクリワード比率 **2:1** |

リスクリワード比率が高まる取引を目指す

基本 lecture 028

強気相場のときほど
下落相場に備える

資産の大半が
なくなる事態を防ぐ

株高の相場では、2020年のコロナショックのような急落が起きてもいいように備えておく必要がある。

具体的な対策としては、①現金保有率を高める②銘柄を絞るの2つがある。

強気の相場が続くと信用取引（テクニック028参照）なども活用してポジションを増やしたくなるが、どこかで大きな下落が起こった際に資産の大半を失ってしまうようでは意味がない。

そのため、すでに十分利益が出ている保有銘柄などは利益確定しておき、現金保有率を高めたうえで、成長性や割安などの視点から本当によい銘柄だけに絞ってポジションを取っていく。それが、下落相場を乗り切る鉄則だ。

基本 lecture 029

相場が不安定なときは
下げたときに買うルールも考える

ルールを徹底して
どんな相場でも生き残る

株価が大きく伸びる上昇相場でも、株価が上下する不安定な相場でも、多少の値動きの荒さにも付き合うことが大切だ。

上昇相場では、利益が出るようなプラスの側面だけをみて投資をしたい気持ちにもなる。しかし、継続的な上昇相場では、その分急落時のリスクも伴うため、利益よりも損失に目を向けよう。例えば、「〇〇円までの下げは許容できるからそれを下回ったら損切りしよう」というように、どこまで負けを許容できるのかに着目することが大切だ。

相場が不安定なときは、上げで買うより下げで買ったほうがよい。「とにかく下げの日にしか買わない。上げの日には利確するか様子を見る」といったルールを徹底して不安定な相場を生き残ろう。

現物取引　　▶　自己資金の現金で株式を購入し、保有している株式を売却する、通常の株式投資のこと。信用取引などと区別して使われる

基本 lecture 030 信用取引を使うと 売りから入ることができる

⚠ リスク大 ⚠ NISA対応外

下落相場でも 儲けることができる

　信用取引とは、現金や株式を証券会社に預け、それらを担保に証券会社から現金や株式を借りて売買する方法だ（信用取引口座をつくる必要あり）。

　これを活用すると、売りから入ることができ、株価の下落によって利益を得ることができる。例えば、証券会社から株を借りて先に売り、価格が下がったところで返済（決済）することでその差額を利益として受け取ることができるのだ。現物取引（通常の株取引）では行えない、信用取引だからこそ使える、下落相場でも利益を狙えるテクニックである。買いから入る場合でも、信用取引を活用することで資金効率を上げることができる。

　ただし、テクニック031と併せて確認してもらいたいが、現物取引よりも損失を出す可能性もあるため初心者は慎重に活用したい。

売りから入って買い戻しを行い利益を得る

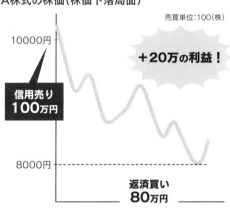

A株式の株価（株価下落局面）

売買単位:100（株）

10000円

+20万の利益！

信用売り 100万円

8000円

返済買い 80万円

メリット
- 下落相場でも利益を狙える
- レバレッジ（3.3倍）をかけることで資金効率を上げられる
- 現物取引と違い同じ銘柄を何度も売買できるため資金効率がよくなる

デメリット
- ●レバレッジをかけて損失を出した場合、通常より損失が膨らむ（追証。テクニック031参照）
- ●返済期限があり、賃貸料や逆日歩などがかかる

信用取引は2種類ある※
制度信用取引……取引所が指定した銘柄が対象。返済期限は半年以内。賃貸料・逆日歩が発生
一般信用取引……証券会社ごとに指定された銘柄。返済期限は原則無制限。賃貸料・逆日歩はなし

※上記2種類のなかで売りができる銘柄を貸借銘柄という

逆日歩 ▶ 制度信用取引のみにある。市場で信用に使われる株が足りないと発生する買い方に売り方が支払う費用。品貸料ともいう

基本 lecture 031
信用取引で資金を3.3倍に レバレッジ効果を狙う

⚠ リスク大 ⚠ NISA対応外

資金効率は上がるが 損失リスクも上昇する

これは、信用取引で儲けるための基本的なテクニック。信用取引とは、投資家が証券会社に対して一定の保証金（有価証券での代用可）を担保として差し入れ、株式の買付に必要な資金を証券会社から借りて行う株式取引のこと。

委託する保証金は、取引金額の一部のみで済むため、少ない手元資金でその約3.3倍の取引を行うことが

可能だ（レバレッジ効果）。ただし、大きなリターンを期待できる反面、値下がりした場合の損失も大きくなるので注意が必要。

また、相場の変動によって、建玉（未決済の状態）の評価損の拡大により、保証金維持率が基準を下回った場合などでは、投資家は所定の追加保証金（追証）を差し入れなければならないなどのルールがある。信用取引を始める前には、必ずそのルールを確認しておこう。

手元資金以上の取引が可能になるレバレッジ効果

現金取引
自己資金の範囲内
×1 レバレッジなし
30万円 ←→ 30万円
資金　取引可能額

信用取引
自己資金の最大3.3倍の取引が可能に！
99万円
×3.3 レバレッジ効果
30万円
資金　取引可能額

追加保証金　▶　信用取引において、含み損を出したときに追加で支払う担保となるお金のこと。追証（おいしょう）とも呼ばれる

応用
technique
032

信用二階建てを
利用する

リスク大　NISA対応外

価格変動リスクが
さらに高まるため要注意

通常の信用取引よりも、よりレバレッジを効かせて投資をしたい人にメリットがあるテクニック。

信用二階建て取引とは、同じ銘柄を現物と信用取引で買うことだ。保有している現物株を信用取引の担保にして、さらに同じ銘柄を信用取引で買い建てることで、レバレッジが高まるという効果がある。

一方、レバレッジが高くなった分、株価が下がった際に、信用建玉の評価損が増えるだけでなく、担保として利用している現物株の評価も下がるため、追証が発生しやすくなる可能性があるので注意が必要だ。

なお、下図では信用二階建ての解説のために担保に出す現物の評価を100%として計算しているが、実際は前日の終値を基準に算出された値（掛目）が担保価値となる。

有価証券の種類によって割合は変動するため、確認しておこう。

信用二階建てのイメージ

1

200万円 → 株券

200万円　　　　2万株

200万円の資金で1株100円の株を現物で2万株買い

2

現物の2万株を担保に信用で6万株を買い、計8万株を保有

| 6万株 | 信用 |
| 2万株 | 現物 |

※時価評価が100%の場合

メリット

● 信用取引のレバレッジ上限を超える資産運用ができ効率が高まる

上の例ではレバレッジは便宜上4倍で説明している（本来は3.3倍）。10円上昇すれば80万円の利益になる（現物であれば20万円）

デメリット

● 損失額も大きくなる。10円下落で−80万円（現物であれば−20万円）
● 少しの下落で追証になる可能性が高まる

リスクの高い
テクニック！

応用
technique
033

米国株の取引では
時差を考慮する

米国株は夜中に
売買することになる

　NISAでも米国株と取引ができる。その際に注意することは時差だ。一般的に、どの証券取引所も朝から夕方にかけて取引が行われているが、時差を考慮すると、米国株の場合は日本では夜中の取引に相当する。

　例えば、NY証券取引所やナスダックの場合、現地時間9時30分～16時で取引がなされており、昼休み休憩はない。日本時間でいえば、基本的には22時30分～翌日5時の取引だ※。日本の証券会社を利用して取引する場合にも、注文次第で夜中に取引する必要がある。

　また、米国株では日本のような単元株制度がなく、どの株式も1株から購入可能。ただし、為替変動や売買手数料を考慮する必要があるため、それらコスト面に注意しよう。

応用
technique
034

米国株は値幅制限がなく
損益の幅が広い

値幅制限がないため
大きな損失に注意

　日本株の場合、ストップ高、ストップ安といった値幅制限が設けられており、投資家に冷静になる時間が与えられている。

　米国株の場合には、こうした値幅制限は設けられていない。天井なし、底なしであることから、利益や損失が無制限に拡大する可能性があるとも捉えることができるが、1日で大きく利益が出る可能性がある一方、損失も大きく膨らむ可能性がある点には注意が必要だ。ただし、日本株と同様にサーキットブレーカーという取引中止措置は存在する。

　なお、国内証券会社によっては、米国株に関して指値の発注制限がある場合も。これにより、値段を指定できる幅が限定される可能性があるため、「発注できなかった」ということがないよう注意したい。

※サマータイムが適用される場合の時間帯。サマータイム以外の期間では、日本時間の23時30分～翌日6時までが取引時間

つみたてで買う際には ドルコスト平均法を使う

「高いときに買っちゃった」を防ぐ

　長期投資においては、銘柄の属性や時間を分散させて、リスクを低減させることが重要である。

　このうち時間分散の代表的な手法として「ドルコスト平均法」というものがある。これは「一定の金額で、一定の期間ごとに、同じ商品を購入する」というもので、負担は一定にしながら購入価格を均して、高値で買うことを避ける手法である。

　具体的にどういうことなのか。例えば、現在の価格が2000円の銘柄を月々1万円で購入していくとする。このときは5株買えることになる。株価が上がって2500円になると4株、下がって1000円になると10株買える。投資金額はそのまま、株価が上がれば少なく、下がれば多く買うため、高値掴みのリスクが小さく、業績好調の銘柄であれば安く買うことができることから、長期投資向きといえる。

ドルコスト平均法で時間リスクを分散

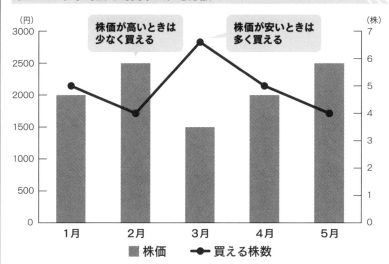

株価が高いときは少なく買える

株価が安いときは多く買える

■ 株価　●— 買える株数

積立額が一定のため経済負担が少なく、高値掴みも回避できる

基本 lecture 036
15年以上持つと元本割れしない

過去のデータでは元本割れなし

投資した金額よりも資産が減っている状況を元本割れといい、投資において最も避けたいもののひとつである。日々価格が変動し続ける株式投資では、このリスクと常に向き合い続けなくてはならない。

しかし、このリスクを最大限減らすことができる考え方が存在する。それは「対象が分散している指数連動のインデックス型投資信託やETFを15年以上保有する」ということだ。

アメリカの経済学者バートン・マルキールの『ウォール街のランダムウォーカー』によると、1950年以降の70年間において、15年以上の運用期間があればどの期間をとってもリターンがプラスになっていた、というデータが出ている。

勿論これが今後必ずしも適用できるとは限らないが、堅実に資産を増やしていける確率は高いといえる。

金融商品を分散させた長期投資の運用成果

1989年以降、毎月同じ額を積み立てた結果を5年と20年で示したもの。20年では少なくとも元本割れになったケースはない。

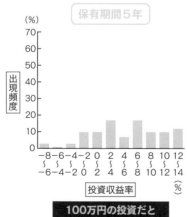

100万円の投資だと
74万円〜176万円

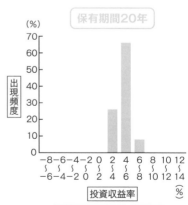

100万円の投資だと
186万円〜331万円

出所：金融庁『はじめてみよう！NISA早わかりガイドブック』

配当と優待

配当と優待は保有しているだけで収入を得られる、中長期投資の味方。
高配当銘柄の探し方やおすすめの優待銘柄、
権利落日前後の値動きを利用したNISAで使える戦略など、
基本的な情報を押さえたうえで家族の協力による家族名義口座の
活用やクロス取引を活用しよう。

NISAで配当を非課税でもらい続ける

基本 lecture 037

再投資で大きな差が生まれる

Section 1 で解説したように、NISAでは配当金も非課税で受け取れる。例えば、100万円の株を買って 3 万円の配当金が出た（配当利回り 3 ％）と想定してみよう。NISAを活用しない場合、20.315％の税金が掛けられるため、差し引かれて手取りが 2 万3905円となる。これがNISAを利用すれば、 3 万円をそのまま受け取ることができる。

さらなるアドバンテージになるのが、配当金元本に加えてより多くの配当金を得る「再投資」という考え方だ。上記の例で再投資すると、元本はそれぞれ102万3905円、103万円になる。これから出る配当金はそれぞれ 3 万717円、 3 万900円となる。一見すると大差ないように見えるが、NISAを利用していない場合は課税されるため、6000円ほどの差が生じることになる。

NISA利用の有無と配当金の関係

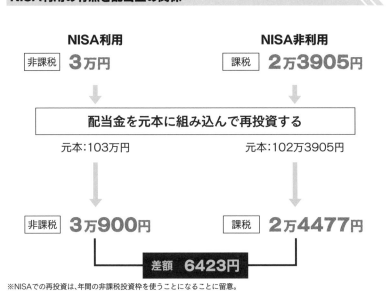

NISA利用
非課税 **3万円**

NISA非利用
課税 **2万3905円**

⬇ 配当金を元本に組み込んで再投資する ⬇

元本：103万円 元本：102万3905円

⬇ ⬇

非課税 **3万900円** 課税 **2万4477円**

差額 **6423円**

※NISAでの再投資は、年間の非課税投資枠を使うことになることに留意。

配当は1株からでももらえる

1株で買えるサービスも増えている

　配当金は株主還元の一環として、1株でも持っていれば誰でも受け取るとができる。日本株の売買では基本的に100株が単元であるため、決算などで発表された1株あたり配当金×数百株が実際の配当金額になる。

　しかし、100株を単位にして大口の売買を行うのが難しい状況にある可能性も考えられる。そこで有用な

のが、「単元未満株」というものだ。これは1株から株を買うことができるため、少額で投資を行うことができるシステムだ。単元でなくとも株式なので、当然配当金を受け取ることができる。しかし、単元株に比べると受け取れる配当金が少ないのは事実である。そこで、NISAを用いて全額受け取ることが重要になるのだ。単元未満株はNISAを取り扱う証券会社の多くで取り扱われており、NISAとの相性がよい。

単元未満株のしくみ

一社だけを単元で買う

A社
株価2000円
配当金50円
（配当利回り2.5%）

→

100株（20万円）投資

→

配当金5000円

いくつかの銘柄を単元未満で買う

A社
株価2000円
配当金50円
（配当利回り2.5%）

C社
株価2500円
配当金80円
（配当利回り3.2%）

B社
株価4000円
配当金120円
（配当利回り3%）

D社
株価6500円
配当金200円
（配当利回り3%）

各銘柄に10株ずつ投資

→

15万円投資で配当金4500円（配当利回り3%）

単元未満株を用いれば、組み合わせ次第で分散投資しながら少ない金額で、より多くの配当金をもらえる可能性がある。

配当生活は配当利回りだけでなく業績とのバランスを見る

基本 lecture 039

伊藤亮太

配当利回りに潜むリスクを回避する

　不動産の家賃収入のように、不労所得だけでの生活を目指すことが流行っている。株式でそれを実現するには、値上がりはもちろんのこと、まとまった配当金も得る必要があるのだが、そのためには業績を見ることも重要だ。

　配当を安定的に狙いたい場合、業績が横ばいもしくは好調であるにもかかわらず配当利回りが高い銘柄を購入していこう。

　配当生活を目指す場合は、配当利回りがトップでなくても、配当利回りに業績が追い付いている企業を選ぶとよい。

　配当利回りの高さに業績が追い付いていない企業を選ぶと、業績不調で、配当利回りが下がるというリスクが高まるからだ。配当利回りだけに執着せず、業績にも着目するとよいだろう。

業績が好調な銘柄を選ぶ

[GMOフィナンシャルホールディングス（7177）　日足　2023年9月〜12月]

権利確定日2023年9月30日

権利確定後は下がる傾向にあるが……（テクニック043参照）

2023年度第4四半期決算発表
前年度比で売上高が約23%上昇
純利益は約9倍

配当利回り　▶　株価に対して年間の配当金がいくらあるのかを示す数値。1株あたりの年間配当金額÷株価×100で算出される

配当利回りの高い企業の調べ方

極端に利回りが高い銘柄には要注意！

インカムゲインを重視する投資の場合、株を保有して得られる配当金が主な収入源となる。したがって配当金が多いに越したことはないが、すでに配当利回りが極端に高い状態にある銘柄は将来的に値下がりリスクを抱えていることが多い。

スクリーニングする際には配当利回りが3～4%で業績が安定傾向にある銘柄を探して買うのがよい。また、優待を出していて、換金性の高い金券などであればさらにお得度は高くなる。

Yahoo!ファイナンスでは銘柄ごとに配当利回りが掲載されており、ここでは今後会社が予想している一株あたりの配当が算出されている。また、同サイトでは配当利回りの高い企業順にランキング形式でも掲載しているので、先に配当の数値からあたりをつけ、業績を分析してから投資する方法も可能。

証券会社などのサービスで手軽に確認

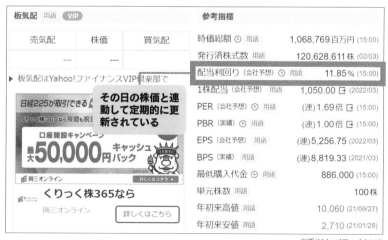

その日の株価と連動して定期的に更新されている

出所:Yahoo!ファイナンス

| 権利確定日 | ▶ | 配当や優待を受け取る株主が決まる日。この日に株主名簿に記載されている株主に対して配当や優待が渡される。テクニック044参照 |

基本 lecture 041

10年連続で増配している企業を探す

伊藤亮太

毎年のように増配を行う企業もある

コロナ禍にも負けず、増配を続ける企業がある。しかも、毎年のように増配を行う企業もある。こうした企業は、業績がよいか一時的に業績が悪化しても配当を出せるように利益を積み重ねてきた点が共通する。増配は株主にとって大きなメリットだ。

企業としても株主に報いるほか、しっかりと利益を出している点のア ピールにつながる。特に注目したいのは、10年以上連続増配を行っている企業だ。

今後も増配を行う可能性は高く、それに伴い注目をあび、株価も上昇する可能性は十分期待できる。2024年2月時点において、花王（4452）は34年連続増配、SPK（7466）は24年など、意外にも20年以上増配の企業もあるくらいだ。お宝銘柄を探してみるとよいだろう。

連続増配でも株価が下降

[花王（4452） 月足 2015年〜2023年]

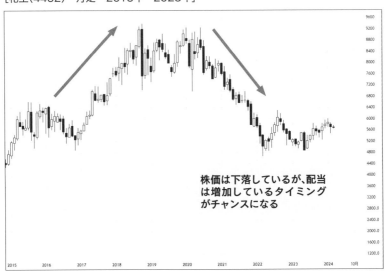

株価は下落しているが、配当は増加しているタイミングがチャンスになる

配当で株価が大幅に
上昇する銘柄を見つける

初配当・復配は市場に
好感されることが多い

株式会社が獲得した利益を、株主に還元することがある。

株主還元の強化は、市場に好感される傾向にあるため、初配当の発表や増配の発表は株価が上昇しやすい傾向がある。

反対に、業績が悪化した企業は配当の原資が捻出できなくなるため、配当が停止（無配）になってしまうことがある。これは市場にとって悪材料となるため、株価の下落要因になる。

ただし、いったん配当を停止していた企業であっても、その後の業績が好転し、利益が出せるようになれば、配当を復活させることがある（復配）。

復配は市場にとって好材料になるため、株価の押し上げ要因となる。

増配は好感されやすい

[高島（8007）　月足　2023年9月～2024年2月]

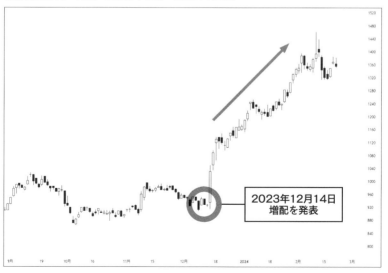

2023年12月14日
増配を発表

「権利落ち日」になると株価が下落しやすい

三井智映子

人気優待・配当株には値動きに特徴がある

権利落ち日とは、配当や株主優待といった株主の権利を受け取れる権利付き最終日の翌日を指す。

高配当株や人気の株主優待株は、権利付き最終日に向けて投資家の買いが集中することで株価が上昇しやすくなる。

一方、配当や優待目当ての売買が多いため、売り圧力が増加し、権利落ち日には株価が下落しやすくなる

わけだ。この際、理論上では配当相当分下落すると考えられている。

実際に、高配当株で有名な日本たばこ産業（2914）のチャートを見ると権利落ち日に下落しやすいことがわかるだろう。

市場の状況や企業の業績などにより株価が下落しない場合もあるが、権利付き最終日間近は配当相当分のプレミアムが株価に乗っていると考えて冷静に売買するべきだ。

配当の権利落ち日に株価が下落した例

[日本たばこ産業（2914）　日足　2022年10月〜2023年2月]

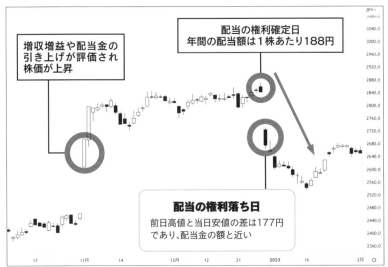

増収増益や配当金の引き上げが評価され株価が上昇

配当の権利確定日
年間の配当額は1株あたり188円

配当の権利落ち日
前日高値と当日安値の差は177円であり、配当金の額と近い

配当や優待を受け取るには「権利付き最終日」に注目

三井智映子

優待を受け取るための期限は決まっている

配当金や株主優待を取得するためには、各企業が定める日までに、株主として株主名簿に掲載されていることが条件となる。この日を「権利確定日」と呼ぶ。しかし、権利確定日に株式を買っても条件は満たされない。実際に株式名簿に名前が乗るまでには日数がかかるからだ。

そこで注目するのが「権利付き最終日」だ。これは、株主優待を受け取るために必要な株主資格を持っている最後の日のことであり、銘柄によって異なる。

優待を得るためには、まず欲しい優待の権利確定日を調べる。権利確定日の2日前(権利確定日を含む3営業日前)が権利付き最終日となるため、それまでに優待取得に必要な株数の株式を購入し、翌日まで保有する。これで優待を得ることができる。また、配当にも権利確定日、権利付き最終日が存在する。

権利付き最終日までに株式を買って優待を受け取る

日	月	火	水	木	金	土
19	20	21	22	23	24	25
26	27	28	29	30	31	

権利付き最終日
この日までに株式を買い、翌日まで保有することで、権利確定日に株主名簿に掲載される

権利落ち日
権利付き最終日の翌日

権利確定日
この時点で株主名簿に掲載される人が優待(または配当)を受け取れる

配当性向の高さから安定して配当を出す銘柄を探す

三井智映子

投資家に対して多く還元する企業がわかる

配当性向とは、当期純利益に占める年間の配当金の割合を示すもので、配当金支払総額÷当期純利益×100で求めることができる。

配当性向が高いということは、投資家に配当を通じて利益を還元している企業ということ。

インカムゲイン（配当益）を狙うのであれば高い配当性向の企業であることも大切だが、ほかにも注視すべきポイントがある。

まず、配当の利回りと過去の配当実績を調べて、配当金額が安定しているか、成長傾向にあるかを見極めることが重要。そして、過去の業績推移や財務状況、（長期投資をする際）景気にかかわらず安定したビジネスをしているのかなどを確認しておきたい。

毎年配当を増やしている増配銘柄は、企業の経営状況も安定成長であることが多いといえよう。

配当性向の計算式と配当性向が高い銘柄の例

| 配当金支払総額 | ÷ | 当期純利益 | × 100 = | 配当性向(%) |

当期純利益のうち、何割を配当金に使っているかを示す

銘柄名	配当性向
大塚商会(4768)	53.90%
GMOリサーチ(3695)	61.00%
JACリクルート(2124)	60.90%
ベース(4481)	49.00%
日本たばこ産業(2914)	71.40%

- 日本株の場合、配当性向は30〜40%が多い
- 配当性向が50%を超える企業は、**投資家へのリターンが大きいため要注目**
- 配当が多い（または増加している）企業は、**経営状態も安定的なことが多い**

※2024年2月時点で公開された直近の業績・配当金をもとに作成

優待利回りと実際に使うかを考慮して買う

伊藤亮太

利用しやすい優待を探す

優待を受け取ることで生活の足しにしたい。この場合にまず注目すべきは、優待利回りである。優待利回りとは、株式の投資金額に対する優待の価値が何%なのかを示したものであり、一般的に高ければ高いほど魅力的といえる。

ただし、いくら優待利回りが高くても利用しないものであれば意味がない。そのため、優待利回りランキング上位から、自分が利用しやすいものを選んでいこう。

例えば、DD HD（3073）では、100株保有すると6000円分の株主優待券をグループ内の飲食代金に利用することができる。

2024年3月時点では株価が1264円のため、優待利回りは4.74%。一般的に3〜4%を超える銘柄は利回りが高いといえる。

優待利回りの計算

[DDHD（3073）　日足　2023年8月〜2024年3月]

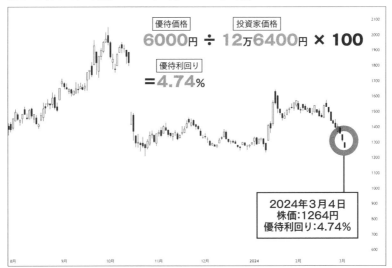

欲しい優待内容から銘柄を選ぶ方法

基本 lecture 047

auカブコム証券と松井証券は優待内容で調べられる

auカブコム証券のスマートフォンアプリ「PICK UP！株主優待」では、企業名からではなく欲しい優待内容からキーワードで検索できる機能を搭載している。

例えば、2023年3月現在、検索機能を使って「金券」を選択して検索すると、金券で4月に権利確定を控えるベルグアース（1383）などの優待銘柄が表示される。

そのほか、松井証券のウェブサイトでは、キーワード検索のほか、優待内容・最低投資金額・権利確定月・配当利回りなどを個別で設定して検索することが可能。細かい条件に絞ってスクリーニングができる。

auカブコム証券と松井証券、どちらも口座を開設していればそのまま取引に移ることもできる。「優待銘柄を買いたいけどどれを買えばいいか悩む……」という人には特におすすめだ。

優待内容から銘柄を検索

auカブコム証券のスマートフォンアプリ「PICK UP！株主優待」の紹介サイト（https://kabu.com/app/pickup_yutai/default.html）。

いくつかの条件に合わせてスクリーニングができる松井証券のウェブサイト（https://finance.matsui.co.jp/complimentary/index）。

基本 lecture 048

使わない優待は現金化する

事前に換金額を チェックしておこう

優待券には期限があったり、使わない優待商品をもらったりして大変なこともある。

そんなときは、「アクセスチケット」などの金券ショップや「ヤフオク！」や「メルカリ」といったオークションに優待券や優待商品を出品してみるとよいだろう。買取価格を事前に知りたい場合は「空飛ぶ株優.com」のように金券ショップの買い取り価格を比較できるサイトもあるので活用しよう。

また、オークションに出品する際は「aucfan※」のように平均落札価格を見ることができるウェブサイトもある。

ただし、有効期限が近いものは買い取り価格が下がることがある。使わない優待券は早めに現金化するとよいだろう。

※https://aucfan.com/

優待の価格情報を事前に入手する

<u>ホーム</u>

全日本空輸（ANA）

日本航空（JAL）

スターフライヤー（SFJ）

ソラシドエア（SNA）

エア・ドゥ（ADO）

空飛ぶ株優.com
株主優待券 高価買取価格 比較サイト

当サイトについて

当サイトは、東京（新橋、銀座、上野、お茶の水、新宿、他）、大阪、名古屋、札幌の複数のチケットショップ（金券ショップ）における、ANAやJALなどの株主優待買取価格をインターネットを介して調査し、その結果をランキング形式の比較表で紹介しています。

また、買取価格の過去の変動の様子もチャートグラフで紹介していますので、株主優待券の売りどきを検討される株主の皆さんに活用していただけると幸いです。

対象としている航空会社は、全日空（ANA）、日本航空（JAL）、ソラシドエア、スターフライヤー、エアドゥの5社です。最新の比較ランキングはそれぞれのページでご確認ください。

株主優待券の使い方はどの航空会社も同じ形式です。スクラッチを削って表示される番号を飛行機の予約

空飛ぶ株優.com
soratobu-kabuyu.com
このサイトについて

空飛ぶ株優.com(https://soratobu-kabuyu.com/)のウェブページ。航空会社の株主優待を買い取りする金券ショップを表示している。

優待新設や変更は「適時開示情報」でチェック

「適時開示情報」で検索時間を短縮

優待の新設や取得条件の変更などは各企業のウェブサイトで確認できるが、一つひとつ確認していくのは手間がかかる。

そんなときは「TDnet 適時開示情報閲覧サービス」を使ってみよう。「適時開示情報検索」で「優待」と検索をかければ、事前登録なしで、日本取引所グループ（JPX）に所属する企業の最新情報が表示される。特に「優待内容の変更」「優待制度の導入」のお知らせが有力な情報となる。ただし、検索できる情報は過去1カ月までだ。

また、同様の内容は日経電子版でも閲覧が可能だ。こちらは気になる銘柄をまとめてリストにすることもできるが、日経電子版のアカウントの作成が必要となる。

速報性・信頼性ではTDnetに劣るが、「net-ir」でも優待の新設・変更情報を調べることができる。

優待情報のスクリーニング方法

1 キーワードを入れる

TDnet（https://www.release.tdnet.info/index.html）のウェブページに飛んだら右上の「キーワード検索」に「優待」と入れる。

2 一覧を表示

優待に関する情報を出した銘柄が表示される。

3 書類を確認

「表題」をクリックすれば企業が提出した書類を閲覧できる。

知っておきたい！

表示期間に注意

適時開示情報サービスでは、当日から過去1カ月までの情報しか閲覧できない。気になる銘柄がある場合や遡って優待情報を確認したい場合は企業のウェブサイトで直接確認しよう

スクリーニング ▶ 条件にあった銘柄を選出する作業

福利厚生系が利用できる優待銘柄を狙う

基本 lecture 050

7万円前後の投資でサービスを利用できる

福利厚生の優待をもらえる銘柄がある。例えば、毎日コムネット（8908）は100株以上で会員制生活総合サポートサービス「ベネフィット・ステーション」の1年間の会員加入が受けられる。

1年間会員特別割引価格で、ベネフィット・ワンが運営するサービスを利用できる。サービスは観光・スポーツ・娯楽・健康などさまざまな

シーンで活用できるのがうれしい。100株の投資金額も2023年4月現在で7～8万円前後なのでお手ごろ。

ほかにも、リログループ（8876）、ベネフィット・ワン（2412）、リソル（5261）などでも同様の福利厚生サービスが利用できる。会社で福利厚生を受けていない人にはおすすめ。また、リソルの優待は金券としても使える。

毎日コムネットのページ

①「IR情報」をクリック
③優待内容が確認できる
②「株主優待制度」をクリック

出所：毎日コムネット（https://www.maicom.co.jp/ir/dividend2.html）

優待権利を安く
手に入れられる時期

■ 優待の権利確定日直前は 取引を避けるのは鉄則

株主優待をもらうためには、（継続保有期間が定められていなければ）1年中株式を保有する必要はなく、権利確定日に保有していれば優待をもらう権利が保障される。優待の権利確定日直前は優待目的の買いが殺到しやすく高値圏になりやすいため、前もってチャートをチェックすることで、安値で購入できる。

権利確定日は銘柄によって異な

り、コロワイド（7616）の場合、1年のうち3月と9月が権利月となる。通常、権利確定日は月末となるため、権利付き最終日までに保有しておく必要がある（テクニック044参照）。目安としては1カ月ほど余裕を見て買うとよいだろう。

また、2020年のコロナ禍や2023年の欧米の金融不安による急落も狙い目だ。欲しい優待株を普段からチェックしておき、暴落時に下がったものを買うのもよいだろう。

高値掴みを避けて暴落時に買う

[コロワイド（7616）　日足　2023年9月～2024年2月]

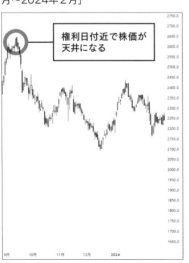

権利日付近で株価が天井になる

[日経平均株価　日足　2023年1月～2024年2月]

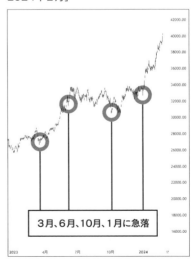

3月、6月、10月、1月に急落

応用
technique
052

家族名義の口座で
優待の恩恵を倍加する

家族名義の口座をつくって
適用単元を購入

　家族名義の口座をつくり、それぞれ優待適用単元を持てば優待のメリットを倍化できる。多くの優待は、最低単元が最も還元率が高い。したがって4人家族の場合は4名分の口座をつくり、個別で最低単元を買えば投資効率が高くなる。

　さらに高配当の株、もしくは優待自体の株はNISA口座に入れるとよい（テクニック001参照）。なお、これは贈与の範囲であればよいが、家族名義の口座でも個人名義の口座に多額の入金をすると贈与税がかかる。

　また、証券口座は家族名義の口座であっても、当人以外の人間が運用することは禁止されており、違反すると証券取引法違反となってしまうので、当人の意思で運用することが前提になる。

証券口座を増やすメリット

1人で400株買った場合

商品券
5000円　＋　商品券
2000円

最低単元を超えると
優待のうまみが減る

4人で100株ずつ買った場合

商品券
5000円　×4

最低単元が×4されるため
効率が上がる

長期保有で追加優待をもらえる銘柄がある

投資家が株式を長期保有するための施策

投資家の長期保有は企業側に恩恵があるため、こうした投資家を優遇するために長期保有で優待金額が増える企業は多い。例えば、長瀬産業（8012）は100株保有で1500円相当の優待だが、長期保有することで3000円相当の優待にグレードが上がっていく。

また、タカラトミー（7867）は優待品と別に100株以上の保有で上限10万円以内の自社製品の購入が割引になる制度を実施しており、保有1年未満で10%、3年未満で30%、3年以上で最大40%まで割引額が増加していく。

また、長期優遇を実施することで優待のお得度が上昇することになる。つまり、変更から時間が経過していない銘柄であれば、内容が認知されることで株価上昇も見込める。

カーリットホールディングス（4275）の例

UCギフトカード

必要株数	保有年数	優待内容	優待利回り（%）
100株以上	3年未満	500円分	0.48
500株以上	3年未満	1000円分	0.19
1000株以上	3年未満	1500円分	0.14
100株以上	3年以上	1500円分	1.45
500株以上	3年以上	2000円分	0.38
1000株以上	3年以上	2500円分	0.24

出所：カーリットホールディングス。優待利回りは2024年3月4日現在の情報をもとに計算

3年以上保有で優待利回りが0.1〜0.97%アップ

権利確定月ごとに 優待銘柄を調べる方法

auカブコム証券の ウェブサイトを活用する

優待を調べる際に使える、基本ともいえる方法。

auカブコム証券のウェブサイトでは、「〇月株主優待情報」というページがある。

ここでは、月別に当月の優待の権利が確定する銘柄順にリストアップされ、該当の銘柄を確認できるようになっている。「特定の月に優待の到着を固めたくない」「〇〇月に優待商品を受け取りたい」という希望があれば、権利確定月別に優待銘柄を選択することができる。

また、銘柄名をクリックすれば、優待内容の詳細やチャート、企業の個別情報が閲覧できるのもよい（口座開設者のみ）。

加えて、そのまま売買に移行できるなど、使いやすい。

記念配当で 一時的な増配を得る

〇周年などの 節目に行われる

長期保有することで通常行われる決算期の配当以外に、一時的な増配の恩恵を受ける場合がある。会社の創立〇周年などといったときに行われる増配を記念配当という。

例えばレイズネクスト（6379）は、2024年2月9日に「経営統合5周年記念配当」の実施を発表した。これにより、予想配当利回りは4.1％から8.2％に上昇した。この配当予想が実現すると、レイズネクストは6期連続増配となる。

記念配当による増配は一時的なものではあるが、配当収入が増えることに違いはなく、また記念といえど財務上の余力がなければ、買いの候補に入れてもよいだろう。

基本 lecture 056

格安モバイルが
年間2100円割引できる銘柄

5つのコースから
任意の優待を選択できる

　TOKAI HD（3167）の優待制度では、「グループ会社飲料水宅配サービス関連商品」「クオカード」「グループ会社レストラン食事券」「TLCポイント（グループ会社会員サービスポイント）」、そして「LIMBOの割引コース」のうちいずれかを選択できる。

　「LIMBO」とはTOKAIの格安モバイルのこと。半期で100株以上保有していると月額利用料350円分を6カ月間割引できるため、最大2100円割引可能だ。

　新規で利用する人も、すでに利用している人も対象になる。

　また、これらいずれかのコースのほか、グループ会社の結婚式場共通婚礼10%割引券およびお食事20%割引券がもらえる。

基本 lecture 057

近鉄の優待は大阪〜名古屋間を
2往復できる

近鉄の優待は区間
片道×4枚

　近鉄GHD（9041）では、1000株以上保有することで区間片道×4枚を受け取れる（特急に乗る場合は別に特急券の購入が必要）。また、100株以上で、沿線観光などの優待券（あべのハルカス展望台、生駒山上遊園地、志摩マリンレジャー、志摩スペイン村など）が冊子としてもらえる。

お得に鉄道旅行ができる！

近鉄グループHD参加の近畿日本鉄道のウェブサイト。中京〜近畿圏の私鉄を運営している。

基本 lecture 058 クーポンと併用できる 優待銘柄がある

■ ぐるなびやホットペッパーを 使ってさらに割引

　すかいらーくホールディングス（3197）は、100株以上の保有で4000円の優待券がもらえる。ぐるなびやホットペッパーグルメなどのサービスクーポンやキャンペーンと併用可能だ。「ガスト」や「バーミヤン」、「しゃぶ葉」などの系列店に足を運べるならお得な優待銘柄だ。

優待券
100株保有で 年間**4000**円分の**食事券** （500円単位で使用できる）

＋

ぐるなびなどのクーポン（例）
100分飲み放題 国産牛　食べ放題 コース　　　　**5％割引**

基本 lecture 059 生活に役立つ 優待銘柄13選

三井智映子

■ 生活を支える 優待銘柄

　節約や生活のプラスになる優待に注目。これらを活用し生活の一助によう。

銘柄	優待内容
ヤマダHD（9831）	グループ店舗で使える優待買物割引券
エディオン（2730）	
リベルタ（4935）	
ハニーズHD（2792）	

銘柄	優待内容
イオン（8267）	支払額からキャッシュバックや割引を受けられるカード
三越伊勢丹（3099）	
オリックス（8591）	ギフトや自社製品
ヒューリック（3003）	
松風（7979）	
コタ（4923）	
ファーストブラザーズ（3454）	
フジオフードグループ（2752）	

外食に活用できる優待銘柄10選

三井智映子

投資をしながら外食費を節約

投資先の企業を詳しく知ることで外食費の節約にもつながり人気がある。よく使う店舗なのか優待の使い勝手がよいのか、利用期限に加えて利回りや業績もチェックしたい。

銘柄	料理・店舗の種類
吉野家HD(9861)	牛丼、うどんなど多数
ダスキン(4665)	ドーナツなど

銘柄	料理・店舗の種類
SFP HD(3198)	居酒屋
すかいらーくHD(3197)	ファミリーレストランなど多数
日本マクドナルドHD(2702)	ハンバーガー
くら寿司(2695)	回転寿司
ゼンショーHD(7550)	回転寿司など多数
クリエイトレストランツHD(3387)	居酒屋など多数
WDI(3068)	洋食など多数
トリドールHD(3397)	うどんなど多数

クオカードの優待銘柄10選

三井智映子

気になる複数の銘柄を長期分散する手もあり

クオカードは基本的に使用期限がない。それだけに配当と優待をあわせた利回りが魅力になるので、長期の分散投資に活用することができる（テクニック063参照）。

銘柄	業種・事業内容
タマホーム(1419)	不動産
Casa(7196)	不動産
INPEX(1605)	エネルギー
日本取引所グループ(8697)	証券取引
クリエイト(3024)	管工機材
進学会ホールディングス(9760)	学習塾
高見沢サイバネティックス(6424)	券売機など
アドヴァングループ(7463)	住宅用建材

レジャーに活用できる
優待銘柄9選

三井智映子

休日のおでかけで 大活躍する優待

ANAホールディングス（9202）や日本航空（9201）といった航空会社は、優待割引運賃が利用できる券・案内書がもらえる。

オリエンタルランド（4661）の優待は東京ディズニーランド、または東京ディズニーシーの1デーパスポートだ。サンリオ（8136）は、サンリオピューロランド、ハーモニーランドの優待券など。常磐興産（9675）は、スパリゾートハワイアンズ無料入場券など。東京都競馬（9672）は大井競馬場の株主優待証や、東京サマーランドの株主招待券など。鉄人化計画（2404）はグループ店舗（カラオケ、美容、直久らーめんなど）で使える優待利用割引券と自社製品送付チケット。

タメニー（6181）は婚活や結婚式で使える無料券や割引券が株主優待となっている。

レジャーで使える優待の例

日本航空（9201）

●**株主割引券**
➡1人分の国内線料金が**50％割引**になる
200株以上で1枚

●**旅行商品割引券**
➡ツアー代が正規料金から**最大7％割引**される

など

東京都競馬（9672）

●**東京サマーランド 株主ご招待券**
➡1枚につき1人**無料で入場**できる

●**大井競馬場 株主優待証**
●**大井競馬場 株主優待席証**
➡大井競馬の開催日に入場できる

など

クオカード系の銘柄は総合的な利回りが高い

応用
technique
063

利便性の高い優待品は高レートで換金可能

配当のようにインカムゲインとして優待を捉えるならば覚えておきたいテクニック。

数ある優待品のなかでも、クオカードは定番中の定番である。大きなメリットは、金券ショップでの換金率が90%以上と、高く買い取ってくれる点だ。

また、クオカードを優待としている企業は配当も高い場合も多い。優待銘柄を選択する際は、優待と配当を合わせた総合的な利回りに注目するとよいだろう。

類似の優待品として図書カードやグルメカードなどがあるが、使用用途が限定されるため、クオカードに比べると換金率が低い。ただし、各企業の系列店で使える食事券などと違い、これらの優待品には使用期限がないというメリットもある。

クオカードを優待として出す銘柄の利回り

	最低購入金額（円）	100株でもらえるクオカード	優待利回り（%）	配当利回り（%）
原田工業（6904）	7万5100円	1000〜1500円相当	1.33	2.0
クワザワHD（8104）	8万7700円	1000円相当	1.14	1.14
北弘電社（1734）	6万1300円	3000円相当	4.89	－
Lib Work（1431）	7万6300円	1000円相当	1.31	0.84
フルテック（6546）	11万200円	1000〜2000円相当	0.90	2.54

※2024年3月4日現在。配当利回りは、2024年度予想配当から算出

優待利回り＋配当利回りの総合的な利回りに注目！

優待券の返送で別商品に変更できる

使える優待に変更する

地域限定で展開する飲食チェーン店の会計時に利用できる優待の場合、近所にそのお店がないなどの理由から、優待を利用できない人もいるだろう。

そのようなとき、連絡をすれば優待内容を変更してくれる企業も多い。例えば、コロワイド（7616）はグループ店で利用できる1万円相当の優待ポイントをもらえるが、企業に連絡すれば、優待ポイントで各種ギフト商品を購入できる。

また、送られてきた優待券を別商品に変更する場合、企業によっては優待券の返送費用を負担してくれることもある。

株主優待限定の非売品をもらう

多く持っているほど多く受け取れる場合も

タカラトミー（7867）は、持ち株に応じて株主優待限定で特別仕様のトミカやリカちゃん人形などがもらえる。2024年の場合、保有株式数が100株以上であればオリジナルトミカ2台セット。500株以上であれば、オリジナルトミカ4台セット。保有株式数が1000株以上であれば、そこにオリジナルのリカちゃん人形がついてくる。

ほかにも、キャラクターのクオカードがもらえる東映アニメーション（4816）や、所属アーティストのオリジナルグッズやイベント招待（抽選）があるアミューズ（4301）など、ファンなら嬉しい優待もある。また、4℃ HD（8008）やコマツ（6301）も非売品の配布で有名だ。

クロス取引を使い
リスクを抑えて優待を得る

三井智映子

▲ NISA対応外

売りと買いの注文を
同時に出してリスクを抑える

株主優待をお得に得るための投資方法のひとつに、「クロス取引」がある。クロス取引とは、同じ証券会社の口座内で、現物買い注文と信用売り注文をセットにして成行で発注すること。権利付き最終日にクロス取引をすると、買った現物と信用売りしたものとで損益が相殺される。買い注文で優待を得ることができて、売り注文では権利落ち日で想定される下落に対してリスクヘッジができる。具体的な手順と注意点は以下の通りだ。

・逆日歩が発生しないように、一般信用取引を利用する
・注文が約定したかを確認する
・決済は権利付き最終日の15時30分以降に行う（証券会社によって15時15分以降でも可）
・損益は相殺されるが、現物株式の購入や信用取引の売建の手数料などはかかる

クロス取引の例

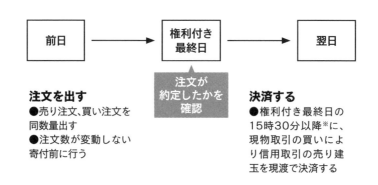

| 前日 | → | 権利付き最終日 | → | 翌日 |

注文が約定したかを確認

注文を出す
●売り注文、買い注文を同数量出す
●注文数が変動しない寄付前に行う

決済する
●権利付き最終日の15時30分以降※に、現物取引の買いにより信用取引の売り建玉を現渡で決済する

値下りのリスクを抑えて
優待を受けられる

※SBI証券では15時30分以降に決済することで、権利付き最終日に株式を保有していたことになり、優待を受け取る権利が得られる（一部の証券会社では15時15分以降からの決済で対応してくれる）

現渡 ▶ 信用取引の決済方法のひとつで、信用取引で売った建玉を買い戻さず、保有している現物株を返却することで決済を行うこと。クロス取引の決済時に活用される

IPO・
銘柄選択

人気のIPO銘柄やテーマ株といった
NISAにも使える銘柄選択術をはじめ、
応用ワザとして信用残高確認やPTSを使った銘柄の探し方を紹介。
また、そうした個別銘柄の選択のみならず、
ETFやREITを利用したリスクヘッジまでを網羅。

IPO銘柄は
３カ月〜半年後が狙い目

伊藤亮太

企業価値を冷静に判断してから投資

近年のIPO銘柄の傾向として、初値やセカンダリー（上場後）などで高い値が付くと、そこが株価の天井となり、以降は滑り落ちるパターンが多い。一見話題がつきて旨味がないようにも思えるが、こうした銘柄のうち３カ月〜半年後に底打ちが確認できればチャンスとなる。

IPO直後が天井となり、３カ月〜半年程度で売られている銘柄でスク

リーニングし、そのなかで明らかに業績が好調なのに売られている場合は、どこかで株価が底打ちとなり、一気に上昇するものも少なくない。IPO直後は過剰な期待感から、実態のない業績を織り込んで買われる場合も多いので、そうした投資家が売った後、企業価値が冷静に判断されるタイミングで狙うとよい。

また、SBI証券や松井証券など、一部の証券会社ではNISAでIPO銘柄が買えることもある。

IPO後３カ月〜半年の相場をチェックする

[クオリプス（4894） 日足 2023年６月〜2024年３月]

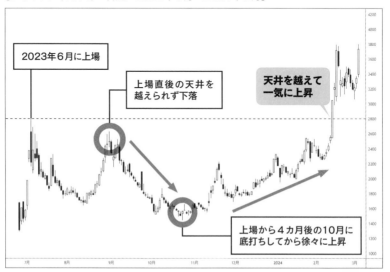

2023年６月に上場

上場直後の天井を越えられず下落

天井を越えて一気に上昇

上場から４カ月後の10月に底打ちしてから徐々に上昇

ブルーオーシャン戦略 ▶ 競争相手がいない未開拓の市場で新しい価値を創造し、利益を大きくしていく経営戦略のこと

基本 lecture 068 割高でも買われやすい ブルーオーシャン戦略

リスク大

新しい未開拓の市場を 広げる企業を選択する

近年、IPO銘柄などは割高であっても買われる傾向がある。そうした銘柄が買われるのは「目新しさ」があるからだ。加えて、業界に競争相手がいない銘柄は予想以上に株価が高くなる傾向がある。

一方で、長きにわたって上場している既存銘柄や20年以上経っても業績が安定していない銘柄に対して

は、だんだんと投資家が注目しなくなっている。

つまり、株価のオーバーシュート（行き過ぎた変動）が見込めるIPO銘柄で、かつ競合他社のいない「ブルーオーシャン戦略」をビジネスモデルとしている銘柄を選ぶと、大きな値上がりを期待できるだろう。

応用 technique 069 IPO銘柄は主幹事証券会社から 応募すると当選しやすくなる

IPO銘柄の割り当てが 多い主幹事証券会社

IPO銘柄はあらかじめ決められた株価と株数で売られるが、人気が高いため、ほとんどの銘柄で抽選になる。そしてこの抽選に当選しないとIPO銘柄を購入することができない。

企業が新規上場する際にさまざまなサポートを行う証券会社を「幹事証券会社」というが、この主幹事証

券会社はIPO銘柄の割り当て株式数が多い。つまり、主幹事証券会社からIPO銘柄を申し込むと、当選確率が高くなるのだ。

主幹事になることが多い証券会社は野村証券、大和証券、SMBC日興証券といった大手の証券会社。また、主幹事証券会社では、担当者と顔見知りになれば預入金額次第で優先的に回してくれることもあるため、利用してみよう。

幹事証券会社 ▶ 企業の新規上場（株式公開時〜公開後）にあたり、それに関する準備のサポートを行う証券会社のこと

応用 technique 070 ポイントを貯めるとIPO抽選の当選確率が上がる

抽選に外れた分、当選確率を上げられる

人気の高いIPO銘柄は抽選で当たらないと買えないが、その当選確率は一般的に1％〜2％ともいわれており、非常に低い。そこで、抽選で当選しやすくなる独自のサービスや企画を展開している証券会社を利用して、当選確率を上げよう。

SBI証券では、IPO銘柄の抽選に外れた回数に応じて「IPOチャレンジポイント」が加算される。ポイントは次回のIPO銘柄へ申し込む際に利用でき、当選確立を上げられるというポイントプログラムサービスを実施している。IPO銘柄の抽選や配分に外れると1ポイント（抽選にポイントを使用し場合は、使用したポイント＋1ポイント）が加算され、抽選に使用したポイントは消失するといったしくみだ。

応用 technique 071 MBOをした銘柄は株価が上がりやすい

買収されることで株価が上昇する

MBOとは、企業の経営陣などが自社株や部門を買収して独立する、M&Aひとつだ。

このMBOを行う場合、一般的に株価にプレミアムを付けた価格で買収されることが多い。例えば、プレナス（9945）は2022年10月14日にMBOを実施すると発表。同社の資産管理会社である塩井興産は、発表時の終値株価1904円に対して33.66％のプレミアムを付けた1株2640円で買い付けを行った。

プレミアムが付く要因には非公開後の収益見通しや資産状況などが考えられるものの、買い付け価格が安いと株主の同意を得られないこともあっただろう。MBOの対象となりやすいのは、親会社や経営陣の株式保有比率が高く、業績の立て直しが必要な場合が多い。

MBO ▶ マネジメントバイアウト（Management Buyout）の略で、企業の経営陣による自社買収のこと

日経平均株価の構成銘柄は
株価が上昇しやすい

年2回の銘柄入れ替え
時期が狙い目！

日経平均株価とは、日本経済新聞社が算出・公表している株式指数のひとつだ。東証プライムに上場している企業のうち、特に活発に売買される（流動性の高い）225銘柄の株価をもとに算出されている。

この225銘柄は定期的に組み入れ銘柄が変わり、新しく組み入れられた銘柄の株価は上昇しやすい傾向が

ある。225銘柄への選出は、企業の信用度の証明として見られる部分があるためだ。

組み入れ銘柄が見直されるのは毎年4月と10月の第1営業日。入れ替え銘柄数の上限は3銘柄だが、上場廃止銘柄が出た場合は、その分を埋める枠は上限に含まれないこととされてる。ただし、225銘柄から外れた銘柄は株価が下落しやすい傾向にあるため、注意しよう。

政府系ファンドが
大株主の銘柄に注目する

伊藤亮太

海外の政府系ファンドが
資金を入れている

国内の個別銘柄に海外の政府系ファンドが投資していることがある。例えば、ノルウェー政府年金基金は、ノルウェー国民の年金を支えている政府の資源収入であり、世界最大級の政府系ファンドだ。日本株では日本アクア（1429）や五洋建（1893）など多くの銘柄に投資している。

政府系ファンドが大株主になることが、株価の上下する直接の要因になるわけではないが、彼らの選定基準に見合った銘柄は、ファンダメンタルズ的に一定の水準をクリアしていると判断できる。特に上記の銘柄は最低投資金額も安く、かつ配当利回りも3％以上と期待できるため、個人投資家レベルでも利回り重視の長期投資に向いている。

政府系ファンド　　　　▶ 政府が資金を出資して投資活動を行うために運用しているファンドのこと

VCの資金が入った銘柄は
暴落に注意

⚠ リスク大

大株主欄のVCの有無を
チェックしよう

　IPOなどで上場する企業のなかには、ベンチャーキャピタル（VC）から資金を募っている企業がある。そのVCは、出資先の企業の上場を目的としていることもあり、その倍、上場後に株式を大量に売却するケースが多く、株価に大きく影響する可能性が高い。

　VCが出資する際は大量に株式を取得するため、四季報などの「大株主」欄に掲載されていることもあるため、IPOなどを狙う前には事前にチェックしておこう。

　そのうえで上場を目的とするVCが大株主の場合は、業績が良好でもすぐには飛びつかず、VCの売却を待って底で買う手法もよいだろう。

MSCBを発行した銘柄は
株価が下がりやすい

株価下落の発端に
なり得るので要チェック

　MSCB（movingstrikeconvertible bond）とは、転換社債型新株予約権付社債（CB）のうち、転換価格修正条項がついているものをいう。一般的なCBは、1株あたりの転換価額は決められており一定だが、MSCBは、転換価額が市場価格に応じて一定期間ごとに修正される。資金力がなく、M&A

ができない企業にとっては有力な資金調達方法のひとつだ。

　しかし、転換価額が修正されて、売られるうえに、増資額によってCB以上に新しく発行される株数が増え、1株あたりの利益が希薄化することを懸念されて株価が下がることがある。実際、2005年にはライブドアを筆頭にMSCBが乱発され、株価の下落を引き起こした事例がある。

ベンチャー
キャピタル
▶ 高い成長率を見込む未上場企業に投資するファンド。同時に経営コンサルティングを行う場合もある

基本 lecture 076

外資系証券会社が空売りしている銘柄に乗る

⚠ NISA対応外

空売り銘柄には特徴的な値動きも

空売りでエントリーする場合は、証券会社（主に外資系）の動向を確認し、その銘柄に乗るとよいだろう。

そもそも、日本の株式市場は外国人投資家と呼ばれる外資系の証券会社が多く、彼らが投じる資金によって株価も影響を受けやすい。売買代金が比較的少ない新興市場の銘柄は、さらに影響が大きくなる。

こうした銘柄を探すには、銘柄名と空売りで検索すれば、どの証券会社がどれくらい空売りしているかを把握できる。そしてそのなかで「高値を付けてから急落している銘柄」「同じ価格帯で何度も反落している銘柄」に注目してみよう。特に、ゲーム株やバイオ株のように思惑で急騰しやすい銘柄は要チェックだ。

空売り状況の調べ方

①karauri.netで調べる

karauri.net（https://karauri.net/）で個別銘柄名を検索すると、その銘柄を空売りした機関や信用売り残高などが日付ごとにわかる。

②JPXのウェブサイトで調べる

JPXのウェブサイト（https://www.jpx.co.jp/）で「マーケット情報」→「公衆縦覧書類」をクリックすると、「空売りの残高に関する書類」を見ることができる。

転換社債型新株予約権付社債 ▶ 社債のまま保有したり、株式に転換してキャピタルゲインを狙うことができる社債。「CB」とも呼ばれる

基本 lecture 077

医療介護の人材を担う
人材紹介会社に注目

伊藤亮太

■ ニーズの高まりから
■ 銘柄の成長に期待

2025年問題のひとつに、医療介護人材がある。高齢化が進むことで、医療介護人材のニーズはさらに高まっていくことは容易に想像でき、日本では数少ない将来性ある業界といっても過言ではない。

例えば、エス・エム・エス（2175）は、医療介護人材をメインとした人材派遣や人材紹介会社であ

り、業界最大手の上場企業である。今後も期待できる日本企業のひとつとして検討するとよいだろう。

高齢化の推移と将来推計

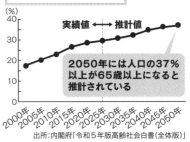

2050年には人口の37%
以上が65歳以上になると
推計されている

実績値 ← → 推計値

出所:内閣府「令和5年版高齢社会白書(全体版)」

基本 lecture 078

「地方銘柄」から
掘り出し銘柄を探す

伊藤亮太

■ まだ注目を集めていない
■ 銘柄は地方に眠っている

株の値動きは、基本的に美人投票である。いくら業績がよい企業や、自己資本がたくさんある企業でも、投資家がその価値に気づかれなければ株価は動かない。そのような視点から銘柄を見つけるのであれば、狙い目は「地方銘柄」にある。

例えば、バスのチケット回収機器などを製造している小田原機器

（7314）などは、コロナショック以降に注目され、数日で20%近く株価が上昇した。

地方銘柄でも東京などの都市で注目されると一気に価格が伸びるケースは今後増えていくことが予想される。「地方銘柄・現金を持っている・業績がよい」という条件で調べておくと、掘り出し銘柄を見つけられるチャンスが増えるだろう。

2025年問題 ▶ 第一次ベビーブーム期（1947年〜1949年）に生まれた団塊の世代が75歳を迎え、さらなる超高齢化社会へと突入することで起こりうる問題のこと

少子化でも伸びる会社に注目する

伊藤亮太

子育てに関連する企業へのニーズは根強い

すでに日本で1年間に生まれてくる子どもの数は100万人を割り込み、将来的に見て人口減少は避けられない状況だが、そのなかでも伸びる会社はあると予想する。

特に、子ども向け用品を独自に開発している企業は注目だ。

孫のためにならお金を出したい祖父母は多く、子どもの数は減れども

その分手厚く援助が行われる可能性は大いにある。

子ども1人に対して両親と両親の祖父母がサポートし、金銭的には「6つのポケット」の状況になるからだ。子育て支援最大手のJPHD（2749）をはじめ、保育園を運営する企業なども期待できるが、なかでもシェアを高めていく企業が勝ち組となるだろう。

Googleトレンドで注目ワードを探す

検索エンジン最大手のデータを活用する

暴落時などは特定のテーマなどに資金が集中するため、世間や市場の注目がどのようなテーマに集まっているのかをいかに早く察知できるのかが、利益を生むカギとなる。

その選定に役立つのが「Googleトレンド※」だ。このツールは、Googleで検索されているワードやトレンドを分析し、グラフで見るこ

とができる。つまり、世界中でどのようなトピックが注目を集めているのかを知ることができる。

特にグラフの数値が上昇中のテーマに関しては、実際の取引でも順張りしたほうが利益につながることが多い。

※Googleトレンド（https://trends.google.co.jp/trends/?geo=JP）

売買代金ランキング上位銘柄は株価が上昇しやすい

スタンダード市場やグロース市場が狙い目

旧マザーズやジャスダック市場に上場していた銘柄で構成されるスタンダード、グロース市場では、一度でも大きく売買代金が伸びると、その後の株価が上がりやすい傾向がある。

売買代金が伸びた銘柄は参入する投資家が増えるため、値動きは荒くなる可能性がある。

しかし、これは短期的に見ると、株価上昇への期待がある状態だといえる。例えば、2023年12月のスタンダード市場で売買代金ランキング１位になった名村造船所（7014）は、2024年３月までに約２倍となる成長を遂げた。

各市場の売買代金の高い銘柄を選定して監視リストに入れておき、それらの銘柄が値を下げすぎたタイミングで、相場に乗るとよいだろう。

売上代金の上昇で株価が伸びる

[名村造船所（7014）　日足　2023年９月〜2024年３月]

2023年12月、スタンダード市場で売買代金ランキング１位

2024年３月５日
最高値2361円

2023年12月29日
1266円

88

GAFA ▶ アメリカの世界的IT企業４社「Google」「Amazon」「Facebook（現在のMeta）」「Apple」のこと

メタバース関連のアメリカの 中小型株も把握する

伊藤亮太

メタバース銘柄は GAFAだけではない

メタバースとは、インターネット上の仮想空間のこと。自分の分身のようなアバターを使い、仮想空間で社会生活を送ったり、世界中の人とコミュニケーションをとったりできる。注目を集めているテーマ株のひとつだ。

米国株ではメタ・プラットフォームズ（META）やマイクロソフト（MSFT）、GAFAなどの大型株に注目しがちだが、中小型株にも注目をしておきたい。

例えば、近年は不動産の物件サイトにおいて「VR内見」が導入され始めているが、この技術を提供しているのマターポート（MTTR）などもよいだろう。GAFAに絞ることなく、中小企業銘柄にも視野を広げ、事業計画や決算状況などを確認しよう。

電気自動車関連銘柄の 成長に期待

伊藤亮太

EV市場における 日本企業の躍進に注目

すでに注目を集めているテーマではあるが、車体製造やリチウム電池などの関連企業も含む電気自動車の分野は要注目だ。

特に、日本の代表的な自動車製造企業であるトヨタや日産は、今後成長していく可能性が高いだろう。例えば、トヨタはリチウム電池関連の特許出願数において国内トッ

プを誇っている。また日産は2023年の国内のEV販売台数おいて軽EV「サクラ」が3万7140台とトップとなった。

数年後、国内自動車製造トップの企業が市場のシェアを握るのか、それとも別の企業が台頭してくるのかは不明だが、リチウム電池関連に強い日本企業は世界的なシェア拡大も含めて期待できるだろう。

触覚フィードバック機能 ▶ 外部からの操作や音などを感知して人の肌に力や振動を与える機能。メタバースに応用することで物体に直接触れた感覚を与えられるため、実装に向けて注目を集めている

基本 lecture 084
デフレに突入したら 100円ショップ銘柄に注目

伊藤亮太

デフレでは「安いもの」が注目されやすい

2022年はアメリカの急速なインフレが話題となったが、インフレやデフレといった景気によって企業の業績が変動し、株価が動くことがある。

例えば、デフレに突入した場合、消費者は消費を減らしていこうと考え、より安いものに大きな価値を見出すようになる。そうした心理のなかで投資対象として人気を集めやすい銘柄が「100円ショップ」だ。業界トップのダイソーは、バブル後のデフレ期間に大きく売上を伸ばしていて、業界全体も「デフレの勝ち組」とまでいわれている。当然、業績も考慮する必要があるが、今後の経済の雲行きが怪しくなるようならぜひチェックしておきたい。

基本 lecture 085
インフレ対策として 押さえたい4つの投資先

伊藤亮太

インフレに強い銘柄を探す

世界中でインフレが継続している昨今。このインフレ対策として押さえたい投資先は次の4つだ。①価格転嫁できる企業、②証券会社、③資源、④好財務企業。

①インフレ分の価格転嫁ができる企業はその分売上も増加し、業績向上につながるためだ。また、インフレは金利上昇へつながりやすい。②金融業界は金利がひとつの収入源のため、金利上昇で収益拡大の可能性がある。③インフレの裏で原油高が起きているような場合、原油を扱う資源企業の業績が上昇する。④負債が多い企業は金利上昇によって返済時のコストが増加するが、無借金など好財務企業はその負担増を受けづらく、業績悪化を避けやすい。

信用取引残高 ▶ 信用買いで入って決済されずに残っている状態を買い残という。逆に信用売りで入ってる状態を売り残という

応用
technique
086

急騰銘柄のリバウンド狙いは6カ月待ってから検討する

信用買いは期限が切れる半年後まで待つ

出来高を伴って急騰した銘柄は多くの信用買いが入っている可能性が高い。そのため、過熱感が収まって下落したときに高値で買って売れずに塩漬けにしている人が多いほど、戻り売りの圧力が強くなる。こうした相場において、再度上昇したときやリバウンドを狙って買い入れる場合、どのくらいの信用買い残があるかを必ず確認しよう。

制度信用取引は、必ず6カ月以内に反対売買を行って決済しなければならない。そのため、戻り売りを警戒する場合は、6カ月間は待ってから買うほうがよい。

また、週に一度、各取引所が公表する「銘柄別信用取引残高」や日本証券金融の「日証金貸借取引残高」※で信用取引残高がわかる。

信用残高の調べ方

信用残高は証券会社や日本経済新聞のサイトなどで調べることができる。画像は日本経済新聞（https://www.nikkei.com/）のトヨタ自動車の信用残高ページ。

※日本証券金融株式会社貸借取引情報ホームページ（https://www.taisyaku.jp/）参照

製品不具合・不祥事は絶好の押し目になる

株価下落後、もとの水準に戻るタイミングが買い場

リコールや不正会計など企業の問題は株価下落の大きな要因だが、ほとぼりが冷めると株価がもとの水準に戻ることも多い。2011年、オリンパス（7733）の不正会計が発覚したことで一時は120円を切ったが、約1年半後の2013年には、暴落前と同じ水準まで戻している。

問題が起こって暴落した銘柄は上場廃止のリスクもあるため、手を出しづらいが、企業の問題把握と見方を変えれば、下落の勢いが止まってリバウンドが始まるころが買いどきと捉えられる。重要なのは、製品不良・不祥事の深刻さと企業の規模を考慮して、それが致命傷となるかだ。また、下落の勢いが弱まり下げ止まった後、押し目をつくってもう一段下げる「二番底」もあるので注意したい。

暴落時は時代に沿ったテーマ株で勝負するとよい

お金が生まれる方向性を見つける

暴落が発生して全体相場が下がっている、つまりリスクの高い株式から資産が引き上げられている場合、業績のよい銘柄ではなく、時代に沿ったテーマ株で勝負するのが最も勝率が高い。特に、時代の風潮にあった商品やサービスを提供する企業の銘柄は上昇しやすい。

その際に重要なのは「世の中がパニックになったときにお金が生まれる方向性を冷静に見る」ことだ。コロナショックでは、衛生用品を扱う川本産業（3604）や海運業を担う商船三井（9104）などがテーマ株の一例となる。全体の下げに引きずられて一時的に株価が下がっても、テーマやセクターの見極めを行うと、戻りの早い銘柄やむしろ資金が集中している銘柄を見つけられるだろう。

テーマ株 ▶ 話題のテーマによって分類される銘柄のまとまりのこと

基本
lecture
089

株高相場では割安銘柄の逆張りを狙う王道で勝負する

伊藤亮太

下落相場でも成長している銘柄を探そう

　2024年3月、日経平均株価が4万円を突破する史上最高値を記録し、全体的に株高の状況が続いた。こうした株高相場で銘柄選択を行う際には、割安な銘柄の逆張りを狙うのが株式投資の王道であり、王道で勝負するとよいだろう。

　割安になっている銘柄の判断はさまざまな基準があるが、「下落相場でも、企業自体は成長している銘柄」を探すのが基本だ。例えば「株価自体は下がっているが、現預金が目に見えて増加している、売上や利益は変わらず伸びている」といった視点で探すとよい。

　また、「配当利回りが極端に高い銘柄」や「短期的に売上が落ちているが、株価は戻る見込みがある銘柄」なども割安銘柄と判断してよいだろう。

コロナ禍を経た航空機銘柄

[日本航空（9201）　週足　2017年10月～2024年3月]

4504円

割安銘柄として底値圏で推移しているところを逆張りで狙う

1660円

PTSのランキングを
毎晩チェックする

情報収集や銘柄の選定
値ごろ感の把握をする

PTSとは、夜間でも取引できる時間外取引に対応した電子取引システムのことを指す。前場と後場の間や証券取引所の営業前後に取引することができるのだ。そしてPTSにおける株価の上昇率や下落率をランキング形式で示したものを「PTSランキング」という。このPTSランキングを毎晩チェックすると、値ごろ感を掴めるため、おすすめだ。

値上り、または値下がりした銘柄があれば、夜間にその要因となった材料が出ていないかを探って分析してみよう。すると、銘柄の値ごろ感を掴むことができる。

また、ほかの投資家たちの評価が自分が思っていたよりも低く、株価が安かった場合は、本体の取引時間よりも前に買っておくなどの対応も可能だ。

情報収集や銘柄の選定の役に立つため、チェックしてみるとよい。

PTSランキングをチェックする方法

かぶたんの「PTSナイトタイムセッション　株価上昇率ランキング」(https://kabutan.jp/warning/pts_night_price_increase?market=)で確認できる。

応用 technique 091

5年に一度の年金制度見直しで特需が発生する銘柄を考える

伊藤亮太

社労士支援のシステムを提供する企業などに注目

日本の公的年金制度は5年に一度、見直しが行われる。これまでマクロ経済スライドが導入されるなど、制度の改正と今後の公的年金の試算・検証が行われてきた。そして、2024年は公的年金の財政検証の年である。2025年の見直しに向けて、国民年金保険料の支払期間の延長や厚生年金加入者の要件拡大などが議論になると想定される。

さて、この5年ごとの改正により、株価が上がる可能性のある企業がある。一例としてエムケイシステム（3910）を挙げよう。エムケイシステムは社労士業務支援のクラウドシステムを提供する企業だ。

年金などの改正により、システムにも影響が出ることで特需が発生する可能性がある。もちろん、改正内容によっては必ずしも特需が発生するとは限らないものの、期待して先回り買いするのも一手だ。

年金に関連する銘柄の相場

［エムケイシステム（3910）　月足　2015年3月～2024年3月］

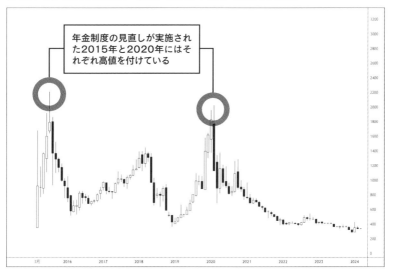

年金制度の見直しが実施された2015年と2020年にはそれぞれ高値を付けている

マクロ経済スライド ▶ 2004年の年金改正で導入されたしくみで、社会情勢（人口減少や賃金、物価の変動など）に合わせて年金の給付水準を調整するもの

保有銘柄の下落が予想されたら 先物を売ってヘッジをかける

株価の下落を 先物売りの利益で相殺

相場全体が調整局面のときには、先物を売るヘッジ取引をしておけば、個別銘柄を手放さずに値下がりリスクに対応できる。

例えば、業績のよいA社の株を持っているとする。調整局面の影響を受けにくい業種であれば、わざわざ売りたくないと思うもの。しかし、全体相場が調整に入り、その勢いに引きずられて売られていくリスクも考えられるだろう。こうした場面で含み益を減らしたくないときに、先物の売りを入れておくと特に有効なのだ。

日経225先物など市場全体を売りでポジションを持っておけば、仮にA社の株価が下落しても、結果的に損失と先物の売りの利益が相殺される。つまり、リスクを回避または軽減できるのだ。

先物でヘッジのイメージ

思惑通りに上昇
調整が入りそうだけれど まだ売りたくないな・・・

買い

値動き

先物を売って 下落リスクをヘッジ！

ヘッジ取引　▶ 将来の株価変動に備え、先物取引でリスクを回避または軽減する取引のこと

応用 technique 093

ヘッジとして貴金属ETFを狙う

伊藤亮太

■ プラチナの価格は上昇する可能性がある

全体相場が株高の状況なら、リスクヘッジの一環として貴金属関連のETFに投資するのもひとつの手だ。

コロナショック以降、各国の金融緩和によって資金が流れ込んだという背景もあり、貴金属の価格が上昇している。

すでに金の価格が高騰していることは話題になっているが、それよりもプラチナがおすすめだ。金と比較するとそれほど割高ではなく、かつ今後世界的な普及が予想されている水素燃料電池車（FCV）の排ガス触媒に欠かせない素材であることから、今後の価格上昇も期待できる。

運用資産を株だけに絞るとどうしても相場の影響を受けてしまうが、こうした株に関係のない値動きをする商品を組み込むことで、下落局面での資産の減りを抑えるという視点も持っておいたほうがよいだろう。

■ プラチナに連動するETFの相場

[純プラチナ上場信託(1541) 週足 2019年10月～2024年3月]

コロナショックの下落後、長期的な上昇相場が続いている

日米の市場に連動する ETFを買うとリスクが抑えられる

日経連動型とダウ連動型を 組み合わせる

TOPIXや日経平均株価など国内市場の指数に連動するETFに投資する場合は、アメリカの株価指数と連動するETFを空売りしておくと、リスクが抑えられる。また、国内市場の指数と連動するETFを空売りしてインバース型のETFを買う場合でも、アメリカの株価指数と連動するETFを買うことでリスクが抑えられる。

日本とアメリカの市場は連動して動くことが多いため、買い目線の場合は、さらなる上昇が期待できるほうを買うことを基本とするとよいだろう。

日米の株価の連動を意識して売買する投資家が多いため、売り買い両方のポジションを持つことでリスクを抑え、サヤ取りできるのだ。

日経平均株価とダウ平均株価の相関

[日経平均株価とダウ平均株価 日足 2020年1月〜2024年1月]

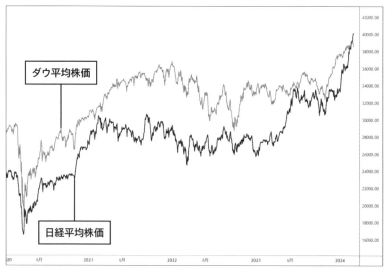

インバース型 ▶ TOPIXや日経平均株価などの原指標の変動率に一定の負の倍数を乗じて算出される「インバース型指標」に連動する商品

基本 lecture 095 NISAのつみたて投資枠で買える ETFを選ぶとリスクを抑えられる

投資家人気が高く 低コストなものを選ぶ

リスクヘッジのためなどの理由によりETFやREITをはじめとする投資信託を買う場合は、NISAの対象商品のなかから選ぶとよいだろう。

NISAのつみたて投資枠では、金融庁の定める長期の積み立て・分散投資に適した一定の基準を満たした商品に限られている。一方の成長投資枠では、整理・監督銘柄をはじめとするリスクの高い銘柄が除外されている。そのため、そのなかから選べば、自然とリスクを抑えられるというわけだ。

つみたて投資枠の対象商品に関しては、2024年2月末時点で282本が対象となっており、銘柄は金融庁のサイトで確認できる。

成長投資枠の対象商品は、JPXと一般社団法人投資信託協会のホームページから確認できる。

NISA対象商品の探し方

つみたて投資枠の対象商品

つみたて投資枠の対象商品は金融庁のホームページ（https://www.fsa.go.jp/policy/nisa2/products/）で確認できる。

成長投資枠の対象商品

成長投資枠の対象商品は一般社団法人投資信託協会のホームページ（https://www.toushin.or.jp/static/NISA_growth_productsList/）で確認できる。

急落局面では
REITも選択肢に入れる

伊藤亮太

株価が維持され
チャンスとなる場合も

2024年3月あるいは4月の金融政策決定会合でマイナス金利政策の解除が実行されるとの見方が強まっているが、金融引き締めによって一時的に株価が大きく下落することも考えられる。

そうした局面では、個別銘柄の減配や優待の改悪がない限り、利回りは上がる。そのため、キャピタルゲインよりもインカムゲインが重視さ

れ、長期保有が多い銘柄の利回りがよくなると買いが入りやすくなる。つまり、下落局面でもチャンスとなる場合も多いのだ。

また、REITは平常時でも平均して5～7%程度の配当利回りがあるが、コロナショック時では、最も高いもので17%まで上昇した銘柄もある。状況にもよるが暴落時は決め打ちでREITを買うというのも選択肢のひとつの手だ。

ホテル型REITの推移

[ジャパン・ホテル・リート投資法人（8985）　日足　2020年～2024年]

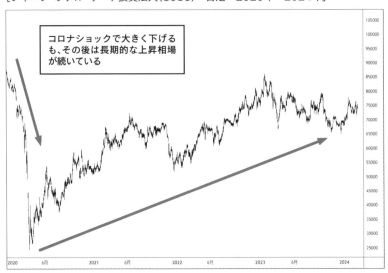

コロナショックで大きく下げるも、その後は長期的な上昇相場が続いている

基本 lecture 097

PER15倍以下になっている
割安銘柄を探す

複数の同業他社と比較して割安なものを探そう

銘柄選定の際には、割安になっている銘柄を探すことが基本だ。割安の銘柄とは、事業内容や業績がよいにもかかわらず、そこまで株価が高騰していない銘柄を指す。つまり、ほかの投資家が「よい銘柄」だということに気づいていないものに投資し、認知度の高まりとともに株価の上昇を狙えるというわけだ。

この割安銘柄の判断基準はいくつかあるが、代表的なものに「PER」がある。具体的には「株価÷EPS（テクニック186参照）」で算出し、単位は「倍」で表す。

日経平均株価を構成する225銘柄の平均は15倍程度で、それよりも高ければ割高、低ければ割安と判断される。しかし、PERは業種によって基準が異なるため、複数の同業他社と比較するとよいだろう。PERだけではなく、ほかの指標と組み合わせて判断するとなおよい。

同業他社のなかから割安銘柄を探す方法

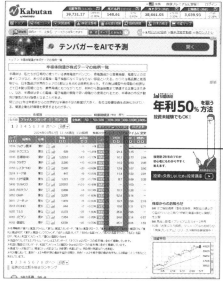

PERを一覧で確認することができる

かぶたんのサイト（https://kabutan.jp/）でテーマを検索すると、関連銘柄が表示される。このページでPERを見ていくと、業種ごとのPERの基準を掴むことができ、同業他社のなかで割安になっている銘柄を探しやすい。

出所：かぶたん

基本 lecture 098 業績のよい銘柄を長期で保有する

業績がよければ株価も上がりやすい

　長期投資の考え方としては、「将来のあるタイミングで運用益がプラスになっている」ということがあげられる。つまり、デイトレードなどの短期投資とは違い、長い目でみてプラスになっていればよい。そのためには、銘柄を選ぶ時点で将来的な成長を見込める銘柄を絞り込む必要がある。

　将来的な成長性の見極めは、業績がよいかどうか。業績がよければ投資家たちの人気が上がり、株価もそれに比例して上がる。資本が手に入った企業は、株主の意向に沿ってさらなる事業拡大や株主還元を行う。

　また、業績がよければ配当がつき、増額される可能性も見込める。将来的にキャピタルゲインや配当金などの利益を多く得るためには、業績が好調であることは基本だ。

業績のよい銘柄の相場

[昭和システムエンジニアリング（4752）　週足　2019年12月〜2024年3月]

2024年3月時点で10期連続最高益を更新しており、株価も上昇

コロナショック後は横ばい

長期投資での売り時は
3つの基準がある

勇気を持って損切りする
ことも必要になる

　長期投資においては、株の買い時よりも売り時の方が見極めが難しいともいわれる。「もっと上がるかもしれない」「含み損がなくなったら売ろう」といった欲が難しくさせるのだろう。長期投資の基本的な売り時は次の3つだ。

　①まとまったお金が必要になったとき。車や家の購入、結婚、子どもの進学など、人生におけるライフイベントの際にお金が必要になったとき。②投資した銘柄を買った理由がなくなったとき。例えば「業績がよく長期的な上昇が見込める」ことを理由に買った銘柄の企業の業績が悪化した場合など投資方針が変わったときには、損切りになるとしても思い切って売ろう。③ポートフォリオを見直すとき。長期投資は定期的なポートフォリオの見直しが必要だ。月1でも半年に1回でも、バランスを整えるための売却は必要だろう。

長期投資における売却の3つの基準

①まとまったお金が必要になったとき
車や家の購入、結婚、子どもの進学など、人生におけるライフイベントの際にお金が必要になったら売ろう

②投資した銘柄を買った理由がなくなったとき
「業績がよい」「配当が高い」といった理由で買った銘柄が、そうでなくなった場合は保有している意味がないため売り時になる

③ポートフォリオを見直すとき
ポートフォリオを見直し、バランスを整える際は売却を考える

EPSの推移を見て
企業の成長性を見極める

■ 企業がどれだけ効率よく 稼いでいるかを示す指標

　企業の成長性を示すひとつに「EPS」（1株あたり純利益）という指標がある。EPSは1株あたりどれくらいの利益を出しているのか、つまり、企業がどれだけ効率よく稼いでいるのかを示す指標だ。「当期純利益÷総株式数」という計算式で算出される。

　EPSがより高い銘柄を探すこともよいが、ひとつの企業に絞って

EPSの推移を見ると、企業の成長性を見極めることができる。

　ただし、EPSが上下するのは企業の利益が増減したときだけではない。例えば、株式分割によって総株式数が上がればEPSは下がるが、これは企業の利益とは関係ない。「なぜEPSが変動したのか」という理由まで分析できるとよいだろう。

EPSをランキング形式で確認

みんかぶ（https://minkabu.jp/）では企業のEPSランキングを確認できる。

自社株買いしている企業の銘柄を狙う

EPSなどさまざまな指標が改善される

　自社株買いを実施している企業の株価は上がりやすく、おすすめだ。

　自社株買いとは、企業が市場に出回っている自社の株を買い付けること。自社株買いを行うと総株式数が減少することから、EPS（テクニック176参照）をはじめとするさまざまな指標の改善につながる。企業の指標が改善されると、既存の株主は

さらなる企業の成長を期待して、長期保有や買い増しを選択する人が増える。さらに、指標の改善はほかの投資家に対しても好材料となるため、「買いたい」と思う人が増えるだろう。その結果、株価が上昇しやすいのだ。

　自社株買いをする企業については、証券会社などさまざまな投資サイトで確認できるため、チェックしておこう。

適時開示情報閲覧サービスでIR情報を素早く取得する

投資判断に必要な情報をまとめて閲覧できる

　IR（Invester Relations）とは、「投資家向け広報」のこと。企業が株主や投資家に対して、投資に必要な情報を提供する活動を指す。IRは主に企業のホームページ上で公開されており、企業の業績を細かく知ることができるため、投資先のIRは確認しておきたいところだ。

　しかし、複数の企業のIRを確認

しようとすると、情報量の多さから相当な時間がかかり、効率が悪い。

　そこでおすすめなのが、JPXの「適時開示情報閲覧サービス」だ。企業の業績など、投資の判断において重要な情報を、発表された時系列順にまとめて見ることができる。

　これを逐一チェックして、重要な情報を得たときには売買の判断に役立てるとよいだろう。

基本 lecture 103 配当利回りが3%以上の 高配当銘柄を狙う

ほかの指標と組み合わせて 銘柄選定の基準にする

銘柄選定の際には、配当にも目を向けよう。一般に配当利回りが3%以上ある銘柄を「高配当」といい、これを基準にするとよい。

高配当銘柄を探すには、証券サイトのスクリーニング機能を用いと簡単だ。数字を指定すると、それを上回る配当利回りの銘柄に絞り込むことができる。

ただし、配当利回りだけで銘柄を決めてしまうのは早計である。配当利回りは、「1株あたり配当金÷株価」で算出される。そのため、株価が下がっているときは高く算出されるのだ。一時的な下げもあるだろうが、企業の業績が振るわず、投資家人気が落ちているということも想定できる。また、業績が悪化すれば減配や無配になる可能性もある。そのため、配当だけを基準とするのではなく、業績やほかの指標と組み合わせて選定の基準にするとよい。

スクリーニングで高配当銘柄を絞り込む

②「検索」ボタンをクリックすると、該当する銘柄が表示される

①「配当利回り(%)」の欄にチェックを入れると、最低・最高値が表示される。任意の数字に設定をしよう。

SBI証券（https://site2.sbisec.co.jp/ETGate/?_ControlID=WPLEThmR001Control&_PageID=DefaultPID&_DataStoreID=DSWPLEThmR001Control&_ActionID=DefaultAID&getFlg=on）のスクリーニング機能は、ログイン後に利用可能。

出所：SBI証券

チャート・テクニカル

ローソク足やテクニカル指標など
チャートからわかる売買サインを網羅。
基本的な使い方から投資家・トレーダーの
実践的な使い方までを網羅!
短期売買でよく使われる売買サインだが、
長期投資においても買いのタイミングの参考になる。

基本 lecture 104
抵抗線・支持線から値動きを予測する

ようこりん

線をブレイクすると相場が動く

抵抗線とは、株価が上昇し続けるとき、その上昇が停止すると予想される価格帯を指す。一方、支持線とは、株価が下落し続けるときに、その下落が停止すると予想される価格帯を指す。

ローソク足が抵抗線を超えることができれば、その後の株価が上昇する可能性が高い。そのタイミングで移動平均線のGC（テクニック137

参照）が発生したり、年初来高値を更新し得る。また、支持線を下回ると株価が下落しやすくなる。そのタイミングでDCが発生したり、年初来安値を更新し得る。過去に抵抗線や支持線が機能している場合、今後も同じように機能する傾向がある。また、これらの線がどこを向いているかでトレンドがわかる（テクニック113参照）。

抵抗線と支持線

［メルカリ（4385）　日足　2021年7月〜2022年1月］

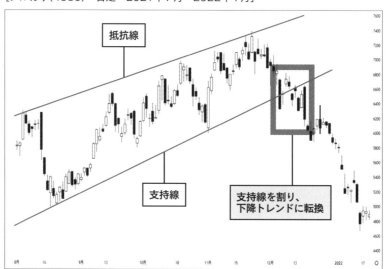

抵抗線

支持線

支持線を割り、下降トレンドに転換

DC ▶ デッドクロス。テクニカル指標で見られる株価下落のサイン。移動平均線の場合、パラメータの小さい線（短期線）がパラメータの大きな線（長期線）を下抜くこと

基本 lecture 105

株価が「キリのよい価格」を抜けてから買う

キリのよい「節目」は注文数が多くなる傾向がある

売買注文は、100円や150円といったキリがよい節目の値段のところに集まりやすいため、逆張りで買う場合は、下の節目にどれくらいの注文が入っているか確認しておくことが重要だ。買ってから値下がりしたとしても、節目に出ている注文が多ければ逃げやすくなる。

順張りで買う場合は、上の節目の売り注文数を確認しよう。注文が多いほどそこが天井となりやすく、上抜ける可能性も低くなるので節目の売り注文が買われ、上抜ければ勢いがつきやすくなるので買いで入るにはよいだろう。

逆張りで売る場合は、上の節目に入っている買い注文の量を確認しよう。量が多ければ反発しやすくなるため、反発したタイミングで注文する。順張りの売りでは下の節目の買い注文を確認し、下抜けたタイミングで注文すれば勢いがつきやすい。

節目は値動きの転換点になる

1 天井になる場合

超えられずに下落

2 勢いが増す場合

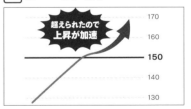

超えられたので上昇が加速

3 板情報も参考にしよう

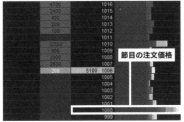

節目の注文価格

板情報とは

● 買い注文と売り注文の値段と数量のこと

● どの値段に注文が集中しているかを把握できる

Abalance(3856)の板情報。キリのよい1000円に出来高が集まっている。

株価が3000円手前の銘柄は
買いが入りやすい

呼び値が変わる2000円台と
3000円台に注目

3000円や5000円前後の銘柄を売買する際には呼び値が変わることを意識しておくことが大切だ。

呼び値とは注文時の値段の刻みのことで、株価によって何段階かに分かれている。通常銘柄の場合は、3000円以下が1円刻み、3000円超5000円以下が5円刻み、5000円超3万円以下が10円刻みとなっている。例えば、ある銘柄を3000円で買って1ティック動いた場合、下は2999円だが上は3005円になる。買い手としては1ティックあたりの効率がよくなるため、3000円以下で買いが入りやすくなるのだ。

特に新興銘柄などで、価格が急騰し3000円台に達した場合、その後の値動きがレンジ→下落になることが多いため、いったんの利確の目安としたほうがよい。

3000円以下で買いが増える具体例と呼び値の区分け

［ジェイテックコーポレーション（3446）　日足　2022年10月～2023年2月］

3000円

ティック　　▶ 取引レートで価格変動があった際の最小単位。1ティックは呼び値によって変わる

基本 lecture 107

リスク大

勢いのある銘柄は窓閉めで逆張りを狙う

短期に調整することがあるため直近の窓付近に注目

織り込まれていない材料が出たり、地合いが一転してよくなったときなどは、株価が窓を開けてスタートすることがある。

窓とは、前日の高値または安値を上放れて（下放れて）寄り付く状態だ。

セオリーでは、「窓開けは買い」である。また、窓を開けて寄り付いた後に下落し、陽線にかぶさるような陰線であれば、陽線と陰線の2つセットで「カブセ線」と呼ばれ、売りのサインになる。

ただし、市場が注目している銘柄や、上昇の勢いがある銘柄などは、窓を閉めてから再度急騰していくこともある。人気銘柄やさらなる上昇が見込めそうな銘柄で、初動に乗り遅れたときなどは、窓閉めからの反転を狙ってみたい。

窓開け・閉めの例

[フルッタフルッタ（2586）　日足　2022年1月26日～2022年4月5日]

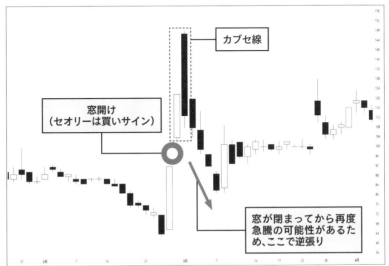

上値が重い・軽いで売買の方向性を変える

上値が見込めるものを買い上値が重そうなものを売る

セクターやテーマ株の関連銘柄に絞って売買する場合、買いと空売りを組み合わせてポートフォリオを組むと、セクター・テーマ株全体が下落したり、地合いが悪化したときのリスクを抑えられる。

組み合わせ方は、株価上昇の上値余地が大きい銘柄を買い、上値が重そうなものを空売りするのが基本となる。

各銘柄のチャートを見て、直近高値や上値抵抗線となる価格帯までどれくらいあるか比べてみるとよいだろう。

セクター内・関連銘柄のなかで株価の牽引力がある主力銘柄がある場合は、その銘柄を買い、そのほかの弱い銘柄を空売りする方法もある。

売りを入れるべき銘柄の値動きの特徴

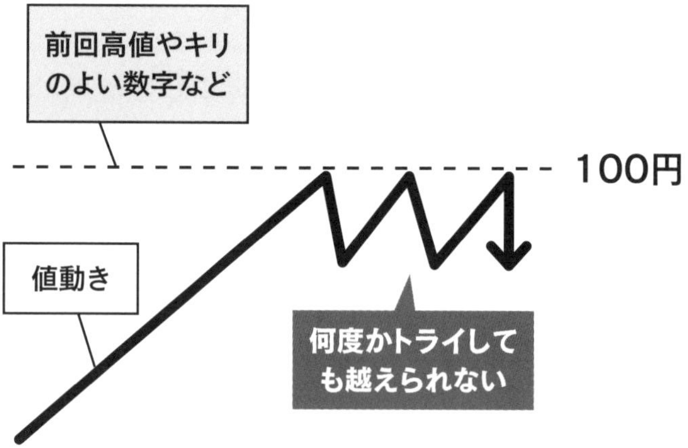

前回高値やキリのよい数字など

値動き

100円

何度かトライしても越えられない

セクター ▶ 株式市場を分析する際の便宜上の区分。話題や技術で区分するテーマ株もセクターのひとつ、その株式の材料が持つ特性をグループ分けしたもの

基本
lecture
109

手仕舞いのタイミングを
「つつみ足」で判断

相場が一方向に傾きやすい
チャートの形

このテクニックを使うと、転換のサインを読み取ることができる。

つつみ足は、前日の陽線、陰線とは逆に当日のローソク足が前日の値幅を包む大陽線または大陰線の組み合わせのことをいう。

つつみ足がなぜ上昇または下降のサインになるかというと、出現した大きな陽線（または陰線）が前日までの銘柄保有者からの売り、または買い戻しをすべてこなして新値を付けているため、方向が一方に傾きやすい状態と判断できるからだ。

つつみ足は特に日足で意識される形状。日足チャートの天井付近や底値付近で出現したときほど、転換のサインとなる。

「みんかぶ」というサイトでは、チャートの形状でスクリーニングをかけることも可能だ。こうしたサービスを活用して、売買サインを発見していきたい。

株価下落のサインとなる陰のつつみ足

[平和堂（8276）　日足　2023年11月〜2024年1月]

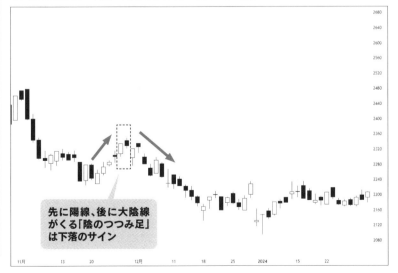

先に陽線、後に大陰線がくる「陰のつつみ足」は下落のサイン

新興株と大型株で利益確定ポイントを変える

新興株は値動きが軽く大きく上昇する可能性大

　新興市場銘柄が勢いづいたときには、利益確定を早めにせず、利益を伸ばしていこう。特に、10倍以上の値上がりをした銘柄は「テンバガー」と呼ばれる。

　このような銘柄を売買する際は、安いところで仕込んでずっと持ち続けることは至難の技で、普通はある程度上昇した調整局面で「もう天井だろう」と売ってしまいがち。

　しかし、需給の安定した大型株であればそれでもよいが、新興銘柄は一度買いのトレンドができると、同方向によりエネルギーが注がれることが多く一度押し目をつくってさらに踏み上げるケースが多い。その場合、全部を利益確定せず、部分的に利益確定をし、下落が数日続いてはじめてすべての利益確定をするとよい。誰もが天井付近で売りたいと思うが、価格が極端に動くため非常に難易度が高くなるからだ。

新興銘柄が大きなトレンドに沿って上昇した例

[Macbee Planet(7095)　日足　2022年1月〜2023年3月]

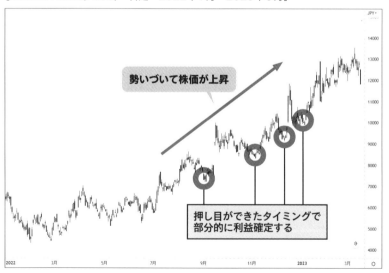

勢いづいて株価が上昇

押し目ができたタイミングで部分的に利益確定する

押し目　▶ 上昇トレンドに現れる一時的な下落。順張りでの買いポイントになりやすい。逆に下降トレンドに現れる一時的な上昇を戻り目という

移動平均線で3つのトレンドを把握する

平野朋之

相場のトレンドは3種類ある

今現在がどのようなトレンドかを確認し、場面に応じた売買をすることが大切だ。そのためにも、目先の値動きに惑わされないように、50日移動平均線（50SMA）でトレンドを確認する方法がある。

●上昇トレンド

直近価格（終値）が50SMAより「上」で推移、かつ、50SMAの「傾き」が「右肩上がり」。2つの条件に当てはまれば「上昇トレンド継続」と判断できる（下図参照）。

●下降トレンド

価格（終値）が50SMAより「下」で推移、かつ、50SMAの「傾き」が「右肩下がり」なら「下降トレンド継続」と判断できる。

●レンジ

価格（終値）が50SMAを何度も跨っており、かつ、50SMAの「傾き」が「ほぼ横ばい」で推移。

50SMAを使った上昇トレンドの見分け方

［三井住友フィナンシャルグループ（8316）　日足　2022年10月～2023年2月］

ポイント①　ローソク足が50SMAの上で推移している

50SMA

ポイント②　50SMAが右肩上がりで推移している

SMA　▶　単純移動平均線。一定期間内のローソク足の終値の平均を結んだ線。テクニック135参照。また、直近価格の比重を大きくしたEMA、WMAなどがある

ダウ理論を使って
トレンドを把握する

平野朋之

多くの投資家が支持する
テクニカル分析の手法

ダウ理論は、チャールズ・ダウによって開発されたテクニカル分析であり、現在でも多くのトレーダーが慣れ親しむ分析方法のひとつだ。

「上昇トレンド」、「下降トレンド」そして「レンジ相場」のうち、レンジ相場を除く場面でダウ理論は力を発揮する。

上昇トレンドと
下降トレンドの確認方法

まずは上昇トレンドの確認方法から解説しよう。

右上図では、AからBまで上昇した後、一時的な調整局面としてCまで下落している。ただし、安値Cは直近の安値Aを割り込むことなく上昇し、DにいたってBの高値を超えている。その後、E地点で調整が入ったが、Cの安値を割れることなく再度上昇している。

このように、直近の安値を割り込むことなく、高値を更新し続ける状態が上昇トレンドである。

次は、下降トレンドの確認方法だ。右下図では、Fの地点からGまで下降。その後、一時的な調整局面としてHまで上昇している。ただし、Hの高値は直近の高値Fを超えることなく再び下降し、Gの安値を更新して安値Iになった。その後、Jまで調整が入ったが、Hの高値を超えることなく下降している。

このように、直近の高値を超えることなく、安値を更新し続ける状態が下降トレンドだ。

トレンドが崩れる
パターン

ダウ理論では、トレンドが崩れるタイミングも判断できる。

右上図においては、DからEにかけての下落局面で、仮にCの安値を割り込み、さらにAの安値も割り込んだ場合、上昇トレンドの終了と判断する。右下図においても、IからJにかけての上昇局面で、仮にHの高値を超え、さらにFの高値も超えた場合、下降トレンドの終了と判断する。

また、ダウ理論はそれぞれの高値を抵抗線として、安値を支持線として判断することもできる（テクニック104参照）。

チャールズ・ダウ　▶ アメリカの証券アナリスト。相場を取材しての経験からダウ理論を提唱した。後にウォールストリート・ジャーナルを発行するダウ・ジョーンズを共同で設立する

上昇トレンドの判断方法

［日経225先物　4時間足　2022年12月〜2023年1月］

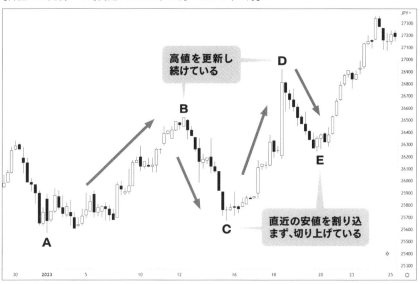

高値を更新し
続けている

直近の安値を割り込
まず、切り上げている

下降トレンドの判断方法

［サカタのタネ（1377）　日足　2022年11月〜2023年1月］

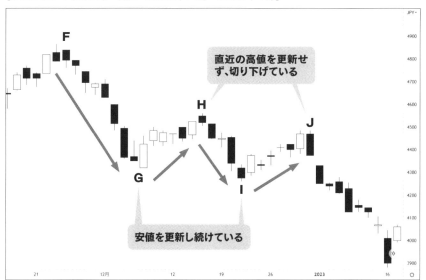

直近の高値を更新せ
ず、切り下げている

安値を更新し続けている

トレンドラインでトレンドの
形成から終了を把握する

平野朋之

ローソク足の安値や
高値を結ぶ

トレンドラインは、株価のトレンド（上昇傾向、下降傾向など）を示すラインで、上昇局面では右肩上がり、下降局面では右肩下がりのラインになる。

●上昇局面でのライン

ローソク足の安値同士を結び、ラインを延長する。株価がこのラインよりも「上」に位置しているときは買い優勢と判断し、株価がラインに近づいてきたポイントが買いのタイミングになる。終値で明確にラインを割込んだ場合は上昇トレンド終了と判断する。

●下降局面でのライン

ローソク足の高値同士を結び、ラインを延長する。このラインが抵抗線（テクニック104参照）となり、終値がこのラインを明確に上回った場合は下降トレンド終了と判断する。

上昇・下降のトレンドラインの例

[ニトリ（9843）　日足　2023年1月〜3月]

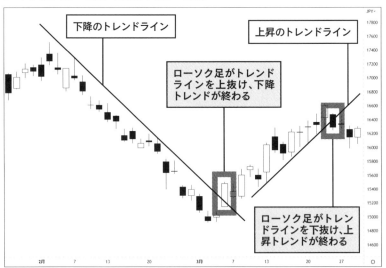

下降のトレンドライン

上昇のトレンドライン

ローソク足がトレンドラインを上抜け、下降トレンドが終わる

ローソク足がトレンドラインを下抜け、上昇トレンドが終わる

底値圏での大陽線は上昇転換のシグナル

平野朋之

出来高を伴いながら上昇していく

株価の下降トレンドが続き、市場参加者の多くがそろそろ安く株を買えそうだと考えていても、なかなか買いに転換しないときがある。

しかし、安く推移しているときに大陽線が現れた場合、その株価が底打ちし、買いの機会が訪れたと多くの参加者が判断し、一気に買い向かうため株価は上昇する。

また、底値圏での大陽線は、注目度が高まる傾向がある。いったん注目が集まると、さらに注目度が増すため、その後も買いが入りやすくなる。

さらに、大陽線が出現するまでの下げ過程では信用売りが溜まっていることが多い。いったん大陽線が出現することで、買い戻しの動きが強まり、出来高を伴いながら、その後も上昇する傾向がある。

底値圏で大陽線が現れて上昇トレンドに転換

[大林組（1802）　日足　2023年11月〜2024年2月]

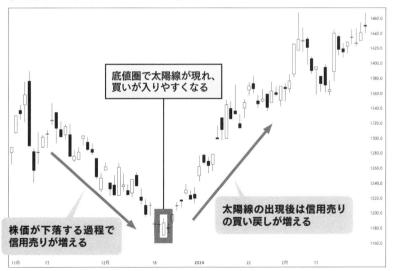

底値圏で太陽線が現れ、買いが入りやすくなる

株価が下落する過程で信用売りが増える

太陽線の出現後は信用売りの買い戻しが増える

大陽線　▶　陽線（実体が白いローソク足）のうち、実体がほかより長いもの。買いの勢いが強いことが示唆される

基本 lecture 115

底値圏での長い下ヒゲは
転換のシグナル

平野朋之

■ 売り優勢から
■ 買い優勢に転じた兆候

一般的に「下ヒゲ」が現れたということは、途中までは株価を下げていたことを表す。

しかし、何らかの要因により安値で張り付くことがなく、上昇に転じると、下ヒゲを引いたローソク足が出現する。

下図では、Bの足が長い下ヒゲを形成したローソク足だ。株価が下がり続けるとAのような大陰線をつくるが、安値から切り返して相場が上昇したことで、買い手が現れたことを示唆している。

特に、底値圏における下ヒゲの長いローソク足は、途中まで売り優勢だったものが、買い優勢に転じたことを表し、それまでの流れを変えるトレンド転換のサインになるときもあるので、注目しておきたい。

底値圏で長い下ヒゲが現れて上昇トレンドに転換

[三菱重工業(7011) 日足 2022年6月～7月]

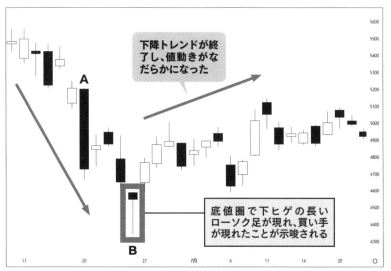

下降トレンドが終了し、値動きがなだらかになった

底値圏で下ヒゲの長いローソク足が現れ、買い手が現れたことが示唆される

120

大陰線 ▶ 陰線（実体が黒いローソク足）のうち、実体がほかより長いもの。売りの勢いが強いことが示唆される

基本 lecture 116 三川明けの明星は買いのシグナル

ようこりん

相場が底入れして上げ相場に転換する

「三川明けの明星」は酒田五法のひとつであり、下降トレンドのときにまず大陰線、その右下に窓を開けて小さな陰線または陽線（あるいは十字線）、その次に大陽線が現れる場面のことである。

この形状が現れると、それまでの下降トレンドが終わり、上昇トレンドに転換することが予想される。真ん中の小さなローソク足では売りと買いが拮抗し、翌日の大陽線で買いの圧力が強まり、相場の流れが変わったことが示唆されるのである。

このタイミングでは、売りポジションを持っていればポジションを外し、新規で買いポジションを持つのが適切だろう。

より慎重な判断を求めるならば、もう少し様子を見て、明確にトレンドが変わったことが確認できてから行動を起こすのがよいだろう。

「三川明けの明星」で底打ちとなった例

[伊藤忠商事（8001） 日足 2021年8月〜9月]

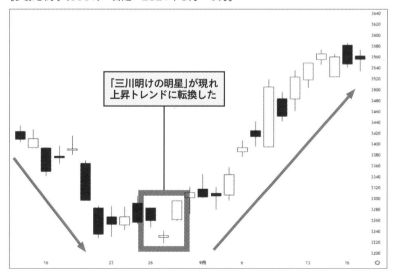

「三川明けの明星」が現れ上昇トレンドに転換した

十字線 ▶ 始値と終値が一致したため実体が一直線で表されるローソク足。売り買いの勢いが拮抗していることが示唆される

基本 lecture 117

三空踏み上げが現れたら売り

ゆず

天井を形成するときに見られる形

三空踏み上げとは、株価が上昇し、（日足の場合）3日連続で窓を空けた陽線が出現する形で、相場の転換を表すものだ。

上昇相場の最終局面に見られるパターンのひとつとして知られる。

3日連続で窓を開けて上昇する三空踏み上げが出現した後、翌日に陰線が出現したら天井を形成したと見て売るとよいだろう。

特に、高値圏で出現した場合、翌日に出現した陰線が長ければ信頼しやすくなる。

また、出来高の増加が伴っている点も信頼しやすくなる点だ。このように、複数の指標も見たうえで売り判断を行うとより精度を上げることができる。

「三空踏み上げ」は売りサイン

[東京エレクトロン（8035）　日足　2022年7月〜9月]

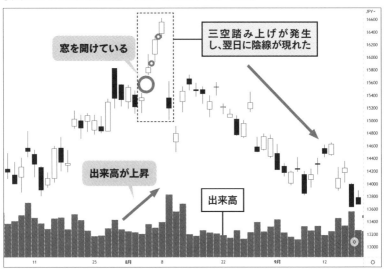

窓を開けている

三空踏み上げが発生し、翌日に陰線が現れた

出来高が上昇

出来高

酒田五法　▶　江戸時代の相場師本間宗久が考案した、ローソク足の並びを基本とするテクニカル分析のひとつ。5つの法則（三山、三川、三空、三兵、三法）がある

赤三兵が出たら買いのサイン

ゆず

3つ連続で陽線が出れば上昇のサイン

相場が下落を続けて転換の動きが出たときの安値圏、もしくは、相場が持ち合いのときに、陽線が3つ続く形を赤三兵と呼ぶ。

これは、買いが強くなり、売りが弱くなってきたことを示すローソク足である。

赤三兵が出た後は、相場がさらに上昇していくことが予測できる。

具体的な戦略としては、赤三兵が出現し、5SMAの上にローソク足がいるなど、ほかの指標でも買いシグナルとなったら、まずは小口の買い注文を入れてみよう。その後の反応を見るために小口の注文を入れることを打診買いと呼ぶ。

上昇トレンドが形成され、次の押し目ができたときさらに追加で買うなどしてエントリーするとよい。

上昇トレンドを示す「赤三兵」

[西日本旅客鉄道(9021) 日足 2022年6月～10月]

建玉 ▶ 信用取引などで、反対売買をされないまま残っている未決済分

基本 lecture 119
トレンドの転換を示す 抱き線・はらみ線

ようこりん

■ ローソク足の組み合わせから 株価の動きを予測する

2本のローソク足の組み合わせによって、相場の動向を判断できることがある。

例えば、2本目のローソク足が1本目のローソク足の実体より長く、1本目を覆うような組み合わせを「抱き線（包み線）」と呼ぶ。

安値圏で1本目が陰線、2本目が陽線の抱き線が現れると、トレンドが転換し上昇トレンドが発生しやすい。

反対に1本目が陽線、2本目が陰線の抱き線が高値圏で現れると、株価が天井を付け、下降トレンドへ転換しやすい。

これと似た組み合わせに「はらみ線」がある。これは、1本目のローソク足が長く、2本目のローソク足の実体を覆うような組み合わせだ。

はらみ線も、陰線と陽線の順番が入れ替わることで上昇・下降の意味が変化する。

■ 抱き線・はらみ線の種類

抱き線	はらみ線

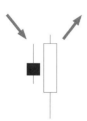  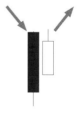 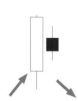

下降から上昇への転換を示す　　上昇から下降への転換を示す　　下降から上昇への転換を示す　　上昇から下降への転換を示す

高値圏で大陰線・上ヒゲの 長いローソク足が出たら売り

ゆず

■ 高値圏で買わないために 知っておきたいサイン

出来高の増加を伴って株価が大きく上昇を開始した場合、高値圏で大きな出来高を伴った大陰線や上ヒゲの長いローソク足が出現することがある。

これは、相場の転換を示す最も重要な売りポイントである。

特に、最後の抱き陰線が現れた場合は天井サインとなり、この後相場が急落する可能性が非常に高い。そ

のため、急落前に売るようにするとよいだろう。

①出来高の増加を伴った上昇トレンドを形成

②前日のローソク足を半分もしくはすべて抱き陰線

③出来高が上昇を開始してから最大もしくは最大級

この3点が揃うとほぼ確実に天井を意味する。反対に、安値圏で大陽線が出た場合は買いポイントとなる。

出来高と大陰線に注目

［メディネット（2370）　日足　2022年4月〜8月］

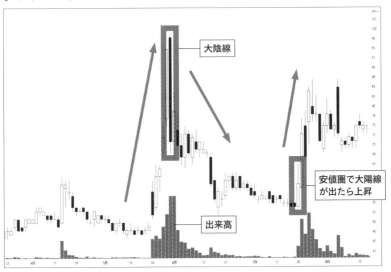

大陰線

安値圏で大陽線が出たら上昇

出来高

三川宵の明星が
現れたら売りのサイン

ようこりん

上昇トレンドが
終わるときに現れやすい

「三川宵の明星」とは酒田五法のひとつであり、上昇トレンドのときに発生するパターンだ。

まず大陽線、その右上に窓を開けて小さな陰線（あるいは十字線）、その次に大陰線が現れる。この3つのローソク足の組み合わせを三川宵の明星と呼ぶ。

この形状が現れると、それまでの上昇トレンドが終わり、下降トレンドに転換することが予想される。中央の小さなローソク足では売りと買いが拮抗しているが、次のローソク足で売りの圧力が強まって大陰線が発生し、相場の流れが変わったことが示唆されるのである。つまり、三川宵の明星が現れたら売りサインとなる。

株価が順調に上昇し、買われすぎかと考えたタイミングでこのサインが出れば、売りの判断材料にするとよいだろう。

高値圏で三川宵の明星が現れた例

[東邦チタニウム(5727)　日足　2022年11月〜2023年1月]

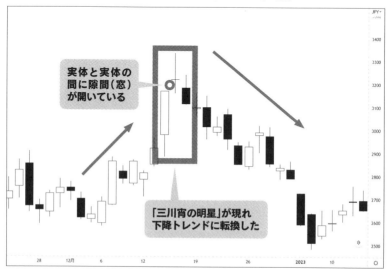

実体と実体の間に隙間（窓）が開いている

「三川宵の明星」が現れ下降トレンドに転換した

基本 lecture **122**

三空叩き込みが現れたら買い

ゆず

投げ売りの最終局面で見られる形

三空叩き込みとは、株価が下落し、（日足の場合）3日連続で窓を空けた陰線が出現する形で、相場の転換を表すものだ。

投げ売りの最終局面に見られるパターンのひとつとして知られる。

3日連続で窓を開けて下落する三空叩き込みが出現した後、翌日に陽線が出現したら大底を形成したと考え、買いを入れよう。

ただ、このパターンが現れた場合、投資家心理は非常に強い売りに傾いているため、例えば企業が粉飾決算や債務超過に陥っているなど致命的な問題があるケースもあるため注意だ。

なぜ三空叩き込みが現れ、このような売りに傾いているかは、テクニカルだけで見ず必ず自身で調べよう。

三空叩き込みと陽線

[ライドオンエクスプレスHD（6082） 日足 2022年10月〜11月]

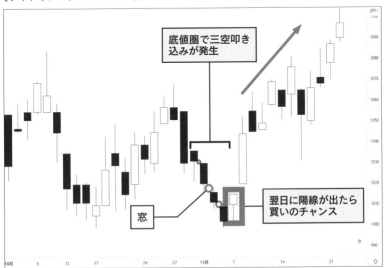

底値圏で三空叩き込みが発生

翌日に陽線が出たら買いのチャンス

窓

投げ売り ▶ 損失覚悟で株式などを売却すること。そのまま保有を続けると損失が拡大するような局面で行われる

127

黒三兵が出たら売りのサイン

ゆず

3つ連続で陰線が
出れば下降のサイン

相場が上昇を続けて転換の動きが出たときの高値圏、もしくは、相場が保ち合いのときに陰線が3つ続く形を黒三兵、または三羽烏と呼ぶ。

これは、売りが強くなり、買いが弱くなってきたことを示すローソク足である。

黒三兵が出た後は、相場がさらに下落していくことが予測できる。

NISAなど現物での買いを考えているときは控えたほうがよいだろう。信用取引を行うのであれば、具体的な戦略としては、黒三兵が出現し、5SMAの下にローソク足がいるなど、ほかの指標でも売りシグナルとなったら、まずは信用で小口の売り注文を入れてみよう（打診売り）。

下降トレンドが形成され、次の戻り目（リバウンド）でさらに追加で売るようにしよう。

下降トレンドを示す黒三兵

[東芝(6502)　日足　2022年9月～12月]

売買のバランスが均衡した三角保ち合い

基本 lecture 124

ようこりん

売りと買いの思惑が拮抗したチャートパターン

三角保ち合いとは、ローソク足が上下の値動きを繰り返し、次第に値幅が狭くなることで三角形のような形になること。売りと買いの勢いが拮抗することでこのチャートパターンがつくられる。

三角形の上辺が抵抗線、下辺が支持線となる。ローソク足が抵抗線を上抜ければ上昇に転じ、支持線を下抜ければ下落に転じやすい。

また、抵抗線が水平で支持線が右肩上がり、つまり三角形の角が上を向いているときは強気の三角保ち合いと考えられ、株価が上昇しやすい。抵抗線が右肩下がり、支持線が水平の形（三角形の角が下を向いているとき）は弱気の三角保ち合いとされ、株価が下落しやすい。

ダマシが発生することがあるため、抵抗線や支持線を抜けても、ローソク足2〜3本分は様子をみるとよいだろう。

「三角保ち合い」の2本の線に注意

[トヨタ自動車(7203) 日足 2022年3月〜11月]

抵抗線

ローソク足が支持線を下抜けた後に株価が下落した

支持線

ダマシ ▶ チャート上の値動きがテクニカルのサインと反対に動くこと

代表的なチャートパターン ダブルトップ・ダブルボトム

伊藤亮太

■ Mの形をした
■ 売りのチャートパターン

　代表的なチャートパターンに、ダブルトップとダブルボトムがある。ダブルトップとは、Mのようなチャート形態であり、相場が2つの山を示し下降する状況である。

　上昇トレンドのときにダブルトップが出現すると、株価が天井を打ち、その後の株価は下降トレンドとなることが多い。

　まず、株価が上昇し一度天井を付ける（右図A点）。その後、株価は下降し、B点で反転するものの、A点の高値を超えることができずにC点から再び下降する。C点はA点に比べて低い山となることが多い。

　B点とD点を結ぶ線のことをネックラインと呼び、ネックラインを超えて下がると本格的な下落となる可能性がある。株価がD点の部分を突破し、下落したときが売りサインとなる。

■ Wの形をした
■ 買いのチャートパターン

　ダブルボトムは、Wのようなチャート形態であり、相場が2つの谷を示し上昇する状況である。

　ダブルボトムが出現すると、その後の株価は上昇トレンドになることが多い。

　まず、株価が下落し一度谷を付ける（右図E点）。その後、株価は上昇し、F点で反転するものの、E点を下回らずG点から再び上昇する。G点はE点に比べて浅い谷となることが多い。

　F点とH点を結ぶ線のことをネックラインと呼び、ネックラインを超えて上がると本格的な上昇となる可能性がある。このH点の部分を突破して、上昇したときが買いサインとなる。

　ダブルボトムが下降トレンドで出現した場合には、株価が底打ちし、トレンドが転換したサインとなる可能性があり得る。こうしたサインに気づくと、トレンド転換で売り、買いと判断できるようになるだろう。

株価の下落を示すダブルトップ

［ロート製薬（4527）　日足　2022年1月〜5月］

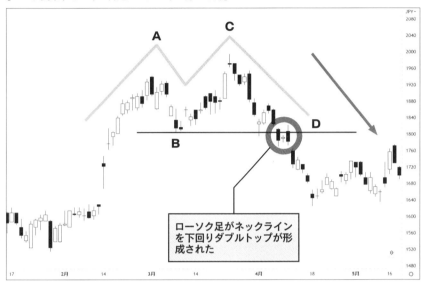

ローソク足がネックラインを下回りダブルトップが形成された

株価の上昇を示すダブルボトム

［味の素（2802）　日足　2022年3月〜9月］

ローソク足がネックラインを超えてダブルボトムが形成された

覚えておきたい
三尊・逆三尊

伊藤亮太

■トレンドの転換を予測する
■チャートパターン

　三尊とは、チャートに3つの山ができ、中央の山が最も大きく上に振れているときを指す。仏像3体が並んでいるような形に見えることから名付けられたもので、海外ではヘッド＆ショルダーと呼ばれる。

　一方、逆三尊は、三尊をひっくり返した形だ。3つの谷が形成され、真ん中の谷が最も下がっている。

　これらのチャート形成をどう捉えればよいか？　まず、三尊は上昇トレンドが終わるときに発生する傾向がある。3つ目の山を起点として、下降トレンド入りする可能性があるのだ。対して、逆三尊は下降トレンドが終わる場合に発生しやすいといえる。逆三尊が形成されると、3つ目の谷の部分を起点として、上昇トレンド入りする可能性がある。ほかの要素も確認しつつ、トレンド形成がどうなるか確認していくとよいだろう。

逆三尊が現れて株価が上昇した例

［丸紅（8002）　日足　2022年4月〜2023年3月］

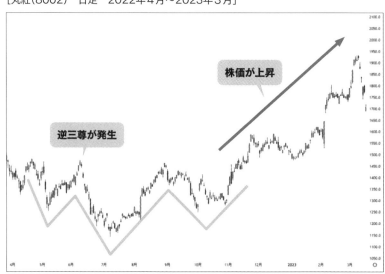

株価が上昇

逆三尊が発生

海外で支持されている カップ・ウィズ・ハンドル

伊藤亮太

■ コーヒーカップの ■ 取っ手で買う

米国株投資では、どちらかといえば割安度合いなどファンダメンタルズ分析のほうが中長期では向いているといえる。そんななか、アメリカ人が好むチャートパターンにカップ・ウィズ・ハンドル（カップ・アンド・ハンドル）がある。米国株投資を行ううえでは、少なくともこのパターンを覚え、どこで買ったらよいか確認できるようにしよう。

カップ・ウィズ・ハンドルとは、取っ手付きのコーヒーカップのようなチャート形成があった場合に、取っ手部分で買うとよいとするテクニカル分析である。一般に、カップ・ウィズ・ハンドルは、下降トレンドから上昇トレンドに大きく転換する際のパターンといわれている。必ずしも上昇するとは限らないものの、アメリカ人が好んで利用するパターンであるため、活用できると利益を得られるかもしれない。

カップ・ウィズ・ハンドルで株価が上昇した例

［ボーイング（BA）　日足　2022年8月〜2023年2月］

基本 lecture 128 一度に売らずに 何回かに分けて利確する

部分的に利益確定して リスクヘッジする

利益確定の際に使えるテクニック。地合いがよくないときや、値動きが激しい銘柄などは、大きく上がったところで部分的に利益確定しておこう。

一度に全部売ってしまうと、さらに上がったときに利益が得られない。逆にまったく売らなければ、反落したときに含み益が減ってしま

う。

値動きが読みづらいときは、「上がる」「下がる」と決めてかかるのではなく、実際の値動きに合わせて柔軟に対応することが大切。細かくポジションを調整し、リスクを抑えよう。高値の抵抗が強く、想定以上に株価が下落したときは、安いところで攻めて買い直すのも手。

応用 technique 129 貸借銘柄は 相場の反発が期待できる

銘柄の種類によって 値動きに特徴がある

急騰した銘柄は、一度天井を付けて下落した後、切り返して再度上昇していくことがある。一度目の急騰に乗れなかった場合は、この反発のタイミングを狙ってみたい。

その際にポイントといえるのが、貸借銘柄であること。

空売りできる貸借銘柄は後に空売りの買い戻しがあるため、空売りで

きない銘柄（信用取引銘柄）よりも反発する可能性があり、反発したときの上昇力も強くなりやすい。

応用 technique 130 高値圏での乱高下は その後の下げに要注意

ようこりん

乱高下の後には 大きな価格変動を想定する

過去に発生した上昇相場の高値付近では価格が乱高下しやすく、その後の下げに注意すべきだ。

トレンドのなかで連日陽線が続き、一度高値を付けた後に大きく下げるようなケースでは、リバウンドを狙った投資家の買いや、その後の下落を狙った売り、高値圏で売りそこなった投資家の利確など、売買が入り混じることで乱高下するが、これらの売買がいったん整理されると大きな価格変動につながりやすい。

例えば、上昇トレンドの後に高値圏で数日間もみ合いが続き、その後に下落するケースだ。再度上昇を始めるというようなケースもあるため、一概に「下落」というわけではないが、その後の大きな価格変動を想定し、キャッシュポジション（現金保有）を高めるなどの備えをしておいたほうがよいだろう。

高値圏での乱高下の後に大幅下落した例

[オリンパス（7733） 日足 2022年4月〜2023年2月]

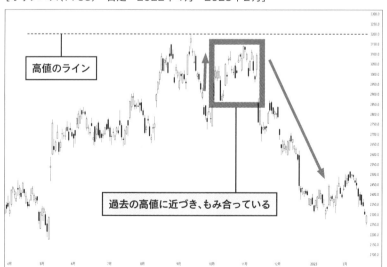

高値のライン

過去の高値に近づき、もみ合っている

下げすぎたときに短期の
リバウンドを取る

相場がパニックに
なったときがチャンス

下落相場では、下げすぎたときに短期のリバウンドを取るという方法も有効である。下落相場のときは「戻り売り」か「急落で買う」という2つのパターンを狙うとよい。

「戻り売り」とは、相場が下落しているときに、短期的に上昇したところで空売りを入れることだ（この技自体はNISAでは使えない）。戻り売りで取引すると、短期的ではあるが、利益が取れることが多い。

「急落で買う」はセリング・クライマックスを彷彿させるような急落時に買っていくことで短期的な利益が取れる。

今の相場では、市場が急に動きパニックになってきたときに、買われすぎたり、売られすぎたりしているところをしっかり逆張りしていくとよいだろう。

急落時を狙う

[ホットリンク（3680）　日足　2022年8月〜2023年2月]

下げすぎたときに逆張りを狙う

セリング・
クライマックス
▶ 下落相場の最終局面で相場全体が売り一色になり、大幅に株価などが値下がりすること。売りが一巡したあとは反転上昇に転じることも多い

基本 lecture 132 株価トレンドの判断に 出来高を活用する

戸松信博

トレンド継続を判断する 視点を増やす

株価のトレンド継続を判断する際には出来高を活用しよう。出来高とは、チャートの下部に表示される棒グラフ状の指標だ。取引された株の量を示しており、出来高が多いほど取引数が多いとわかる。

基本的に、株価がその後も上がる場合は出来高も併せて増加していくことが多い。

例えば、上昇トレンド中に一時的に株価が下落した銘柄があったとする。株価が下落したとき、出来高が拡大していなければ、その下がる動きを追って売る人が少ないと判断でき、上昇トレンドのなかの押し目になるケースが散見される。

トレンドが継続するか天底になるかを判断する際に、ローソク足だけでなく出来高を組み合わせてみると、別の視点から判断することが可能になる。

出来高活用の例

[ファーストリテイリング(9983)　日足　2022年6月〜9月]

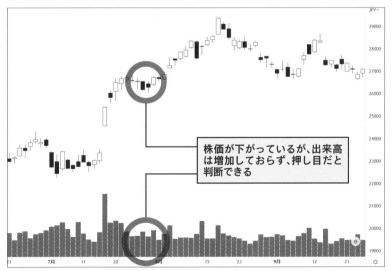

株価が下がっているが、出来高は増加しておらず、押し目だと判断できる

価格帯別出来高で
反転しやすい価格帯を把握する

価格ごとに抵抗線や
支持線がわかる

　値動きの幅をイメージするために
は、価格帯別出来高が多いところも
見ておくとよいだろう。価格帯別出
来高とは、価格帯ごとに売買が成立
した株数を棒グラフで表示したも
の。

　現在の株価より下に出来高が多い
ところがあれば、そこが下値支持線
となって株価が下げ止まる可能性が
ある。逆に、現在の株価より上に出

来高が多いところがあると、その付
近で買った人たちの売りが出て、上
昇が止まったり、跳ね返される可能
性がある。

　その2点を確認しておくと、買っ
てから下がったときの損失や、上昇
したときに見込める利益が想定しや
すくなる。

　上値の幅が小さく、利益が見込み
づらい場合は、出来高が多い価格帯
を上抜けてから買うのもひとつの手
である。

価格帯別出来高のポイント

ソフトバンクG（9984）　日足　2021年7月〜2022年2月

現在の価格より上に出来高が
多いところがあると、上昇が
止まる可能性がある

2種類のテクニカル指標を使い分ける

基本 lecture 134

ゆず

それぞれトレンドの理解と過熱感の理解に役立つ

相場の情報を分析し、グラフ状に可視化したものをテクニカル指標と呼ぶ。テクニカル指標は多くの種類があるが、トレンド系とオシレーター系に大別される。

トレンド系は相場のトレンドを理解することに優れており、移動平均線、一目均衡表、パラボリックなどが代表的だ。オシレーター系は相場の過熱感を理解することに優れており、MACD、RSI、RCIなどが挙げられる。トレンド系指標で今の相場が上昇か下落かを把握し、オシレーター系指標で相場の転換点や売買ポイントを探ることができる。

ただ、これらの指標を活用する場合は自分の投資の時間軸に合ったものを選ぶ必要があり、例えばデイトレードなら1分足や5分足、長期投資なら日足、週足、月足を活用しよう。長期投資家が1分足や5分足を活用しても意味がない。

トレンド系とオシレーター系

[レーザーテック(6920) 日足 2022年9月～2023年3月]

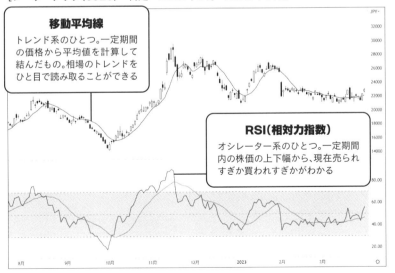

移動平均線
トレンド系のひとつ。一定期間の価格から平均値を計算して結んだもの。相場のトレンドをひと目で読み取ることができる

RSI(相対力指数)
オシレーター系のひとつ。一定期間内の株価の上下幅から、現在売られすぎか買われすぎかがわかる

139

基本 lecture 135 最も使いやすいテクニカル指標は移動平均線

伊藤亮太

トレンドを把握する代表的な指標

テクニカル指標のなかでもトレンドを把握する代表的な指標として「移動平均線」を挙げることができる。

移動平均線とは、文字通り値動きの平均値を移動させたグラフのこと。日足の場合、5日移動平均線（5SMA）、25日移動平均線（25SMA）などはよく利用される移動平均線である。この「5」や「25」とは、株価（基本的には終値）の平均値を計算する期間であり、同じ期間でも時間足によって見え方が変わる。

移動平均線によりわかることは、価格の方向性である。ローソク足のみで判断するよりも、移動平均線を描くことでより詳しくトレンドを判断できる。例えば、移動平均線が上向きである場合、平均的に買う人が増えている状況であり、上昇トレンドが続いていると判断できる。

移動平均線の向きで現在のトレンドを判断する

[川崎汽船（9107） 日足 2022年3月〜7月]

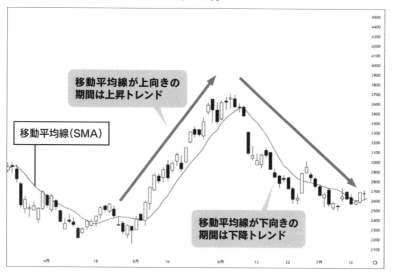

基本
lecture
136

移動平均線を上抜けたときに買うポイント

移動平均線を境にして分けた足の長さを比べる

ローソク足と移動平均線のゴールデンクロスは強い買いのサインだが、交差した直後だと次にどちらに動くかわからない。そのまま上抜けることもあれば、跳ね返されることもある。そのようなときは、移動平均線を境にローソク足の実体の上のほうが長いか、下のほうが長いかを比べてみるのもひとつの手。長い方に向けて株価が動くことが多く、上抜けている実体のほうが長ければ上昇トレンドが生まれる可能性が高いことがわかる。また、移動平均線は直近で売買した人の損益分岐点として、損切りや、買い増し（売り増し）の目安にしている人も多いため、次に株価がどう動くかにも注目しておこう。

上抜けと反落のパターン

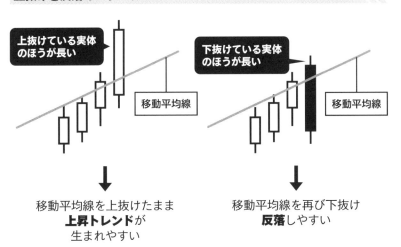

上抜けている実体のほうが長い

移動平均線

↓

移動平均線を上抜けたまま
上昇トレンドが
生まれやすい

下抜けている実体のほうが長い

移動平均線

↓

移動平均線を再び下抜け
反落しやすい

基本 lecture 137 ゴールデンクロスは クロスする向きに注目

■ 長期線と短期線が上向くと 信頼度アップ

テクニカル指標のなかでも、移動平均線のゴールデンクロス（GC）は強い買いサインのひとつだ。これは、パラメータの異なる移動平均線を2本表示したとき、短期線（パラメータの数値が小さいほう）が長期線を上抜けることを指す。

現在の株価が、直近数日間または数週間の買値の平均（移動平均線・長期の移動平均線）よりも高くなっ

たことを意味するため、買い方有利の状態を表し、株価上昇の弾みもつきやすくなる。

ただし、長期線が下向いているときのクロスは信頼度が低くなる。下降トレンドの途中で一時的に株価がリバウンドし、GCとなった可能性があるためだ。

GCを見て買う場合は、長期の移動平均線が横向きか、上向きに変化するときを狙うのがよい。

「上向き」は買いのチャンス！

[イオン（8267）　日足　2022年3月〜12月]

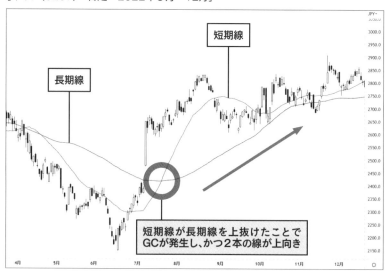

長期線
短期線

短期線が長期線を上抜けたことで GCが発生し、かつ2本の線が上向き

強いトレンドは「パーフェクトオーダー」に注目

基本 lecture 138

戸松信博

短期、中期、長期の並びを覚えよう

シンプルにトレンドを分析するのであれば「パーフェクトオーダー」に注目したい。

これは3本の移動平均線の並びのことで、上昇トレンドでは上から短期線＞中期線＞長期線の状態になったことを指す。

上昇トレンドでは直近の高値を抜けて上昇し、直近安値を下回らず、再度高値を抜けていくが、この株価推移を長期間続けていると移動平均線の順番はパーフェクトオーダーになる。

つまり、その銘柄は強い上昇トレンドが続いていることを意味し、その後も上昇する可能性が強く注目できるだろう。

下図の例でも、3つの移動平均線が上を向いたことで上昇トレンドが発生していることがわかる。

パーフェクトオーダーの例

［信越化学工業（4063）　日足　2022年11月〜2023年3月］

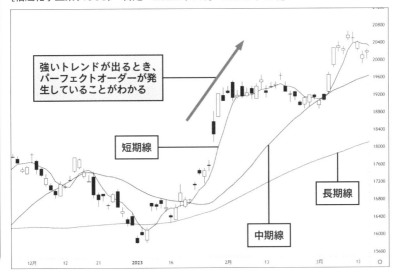

強いトレンドが出るとき、パーフェクトオーダーが発生していることがわかる

短期線／中期線／長期線

グランビルの法則で
買いの判断を行う

伊藤亮太

■ 移動平均線を使った
■ 4つの買いサイン

グランビルの法則とは、アメリカのアナリストであるジョゼフ・E・グランビルが考案した手法。移動平均線とローソク足の位置から、売りサイン、買サインをそれぞれ4つ判断することができる。

ここでは、4つの買いサインについて解説する。

まず、ひとつ目のサインは「横ばいもしくは上向きの移動平均線を、ローソク足が上抜ける」ことだ。下落していた株価が上昇に転じる際に現れるサイン。ローソク足が移動平均線を上回るということは、一定期間の平均価格より高い値が付いたということであり、株価の上昇傾向を示す。

2つ目のサインは、「上向きの移動平均線をローソク足が下回る」こと。これは、上昇トレンドの途中に現れるサイン。通常、上昇トレンド中であっても一時的に株価が下がることがあり、これを「押し目」と呼ぶ。2つ目の買いサインは、この押し目を狙った手法である。

3つ目のサインは、「ローソク足が移動平均線の上にある状態で、移動平均線に向かって下落する」こと。2つ目のサインと違い、ローソク足が移動平均線を下抜けないまま上昇に転じる状態だ。こちらも押し目と判断できるため、有効な買いサインとなる。

■ 4つ目は
■ 逆張りを狙ったサイン

最後の買いサインは、「下向きの移動平均線からローソク足が大きく離れる」ことだ。ローソク足は、移動平均線から離れた後、再び近づく動きをする傾向がある。そのため、大きくかい離したときは安く買えるチャンスともいえる。

しかし、これは株価が下落したタイミングで買いを狙う「逆張り」の手法。このまま下降トレンドが始まる可能性もあるため、移動平均かい離率（テクニック153参照）など、ほかのサインを活用しながら慎重に行うとよいだろう。

テクニック140で解説する4つの売りサインは、買いサインの逆の手順となる。

グランビルの法則の買いパターン

［グンゼ（3002）　日足　2022年9月〜2023年2月］

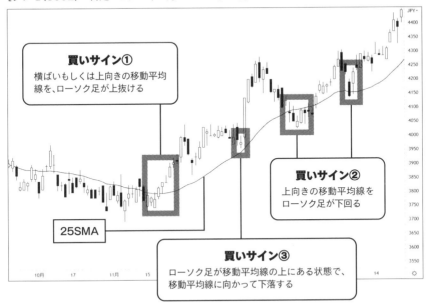

買いサイン①
横ばいもしくは上向きの移動平均線を、ローソク足が上抜ける

買いサイン②
上向きの移動平均線をローソク足が下回る

25SMA

買いサイン③
ローソク足が移動平均線の上にある状態で、移動平均線に向かって下落する

［レーザーテック（6920）　日足　2022年11月〜2023年3月］

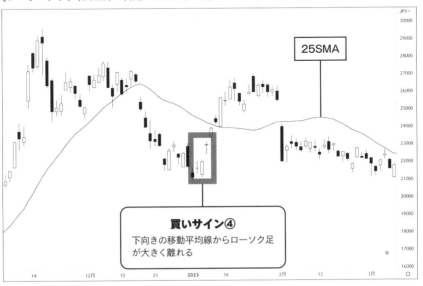

25SMA

買いサイン④
下向きの移動平均線からローソク足が大きく離れる

グランビルの法則で売りの判断を行う

伊藤亮太

■ 移動平均線を使った ■ 4つの売りサイン

　グランビルの法則には、テクニック139で解説した買いサインのほかに、4つの売りサインがある。

　ひとつは、「横ばいもしくは下向きの移動平均線を、ローソク足が下抜ける」ことだ。これは、上昇を続けていたローソク足が下降トレンドに転換する際に現れるサイン。トレンドの転換を示す重要なサインのため、買いポジションを持っている場合は、様子見をしつつ、部分的に売却を検討するとよいだろう。

　2つ目の売りサインは、「下向きの移動平均線をローソク足が上抜く」こと。これは、下降トレンドの途中に現れる売りサインのひとつ。

　下降トレンド中であっても、一時的に株価が上昇することがあり、これを「戻り目」と呼ぶ。2つ目のサインは、この戻り目を狙って少し高い株価で売却を狙うものだ。下降トレンドの間は何度も現れやすいため、積極的に狙っていきたい。

　3つ目の売りサインは、「ローソク足が下向きの移動平均線の下にある状態で、移動平均線に向かって上昇する」こと。2つ目の売りサインとは違い、買いの勢いが弱く、ローソク足が移動平均線を上抜けない状態だ。とはいえ、こちらも戻り目の一種であり、比較的高く売れるタイミングのためよく狙っていきたい。

■ 4つ目は ■ 逆張りのサイン

　4つ目の売りサインは、「上向きの移動平均線からローソク足が大きく離れること」だ。テクニック139で解説した4つ目の買いサイン同様、ローソク足は移動平均線から大きく離れた後、再び移動平均線に接近する傾向がある。この性質を利用し、ローソク足が移動平均線から離れて大きく上昇したタイミングで売りを入れ、利益を狙うことができる。

　しかし、逆張りの手法であり、リスクが大きい。基本的には売りサイン1〜3を中心に活用し、売りサイン4を使うときはほかのテクニカル指標も用いて慎重に判断したい。

グランビルの法則の売りパターン

［日本電産（6594）　日足　2022年7月〜11月］

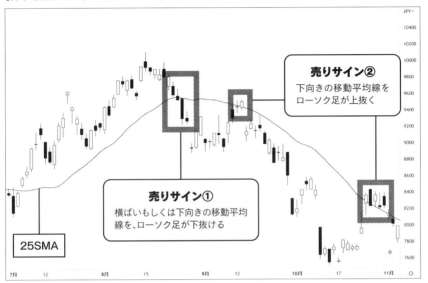

［伊藤忠商事（8001）　日足　2022年3月〜6月］

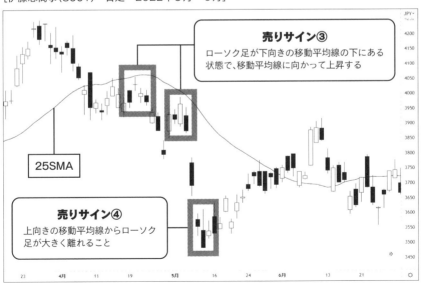

押し目買いは
過去チャートの復習でうまくなる

■ 押し目買いできそうな
反転ポイントを探す

「押し目が取れたら一人前」ともいわれるように、押し目買いは難しい技術のひとつ。

基本は上昇分に対して、1／3押し、半値押し、2／3押しといわれるが、セオリー通りに反発するとは限らず、銘柄によっても値動きが異なる。

チャート上では、移動平均線は支持線として機能しやすい。価格帯別

出来高が多いところも押し目買いのポイントになる可能性がある。

こうした判断をできるようになるには、過去チャートを使って復習するのがよい。

ただし、基本的には逆張りで買うことになり、想定したポイントより大きく下がるリスクもあるため、買う際の資金調整と反発の見込みが外れたときの損切りも重要だ。

押し目の目安

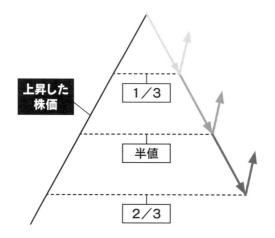

上昇した
株価

1／3

半値

2／3

これらはあくまでセオリーの値動き。実際には
ほかの要素も反発の要因になるので注意！

ボリンジャーバンドの±３σに いつタッチしたかに注目

ようこりん

レンジ相場ではバンドの幅が 広いタイミングを狙う

ボリンジャーバンド（BB）は、７本の線からなるトレンド系のテクニカル指標。上から順に＋３σ、＋２σ、＋１σ、ミドルライン（移動平均線）、－１σ、－２σ、－３σで構成される。各線を抵抗線や支持線と捉え、ローソク足が線を超えたり、タッチしたときに売買する。例えば、株価が大きく下落して－３σにタッチした場合、－３σが抵抗線

となり株価が戻ると推測され、割安で買えるサインとなる。

ただし、ローソク足が－３σに触れたら無条件で買っていいわけではない。レンジ相場に限っては、BBのバンドの幅が狭い状態で－３σに到達しても、その後も下落を続けることが多い。レンジ相場ではバンドの幅が広いときを狙って売買しよう。ただし、トレンド形成時はバンドの幅が狭くても－３σにタッチしたら狙い目となる。

レンジ相場におけるBBの買いサイン

[日経平均株価　日足　2022年5月～2023年3月]

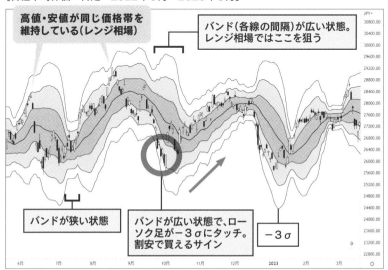

基本 lecture 143
一目均衡表の「三役好転」は信頼性が高い

一目均衡表の見方のなかでも信頼性の高さが光る

複合的にチャートを見たいときは一目均衡表を使おう。

一目均衡表は、ローソク足に対して「基準線」「転換線」「先行スパン1」「先行スパン2」「遅行スパン」の5つの線とひとつの雲で構成されるテクニカル指標。

先行スパンのクロス、遅行スパンのローソク足抜け、雲の抵抗など個別に使うことができ、使用方法に汎用性がある。

なかでも方向性の強いサインとなる「三役好転」は、トレンドを判断する信頼性の高いシグナルだ。下図のように、①遅行スパンがローソク足を上抜け、②転換線が基準線を上抜け、③ローソク足が雲を上抜け、の3つが発生する状態が該当する。

ただし、日足では三役好転だが、週足ではサインなしなど、時間軸によって売買シグナルの出方は変化するので注意。

三役好転の例

[杉本商事（9932）　日足　2022年9月〜2022年11月]

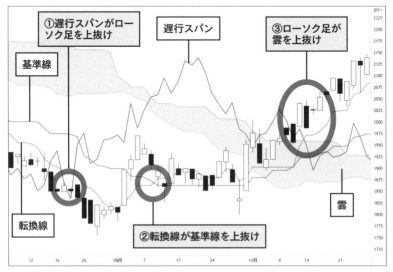

雲 ▶ 先行スパン1と先行スパン2で構成されたベルト地帯を指す

基本
lecture
144

「雲抜け」で
相場の勢いを判断する

雲中では上限が「抵抗線」
下限が「支持線」の可能性大

雲を使う際に知っておきたいテクニック。

一目均衡表では、雲抜けが強い売買のサインと考えられている。言い換えれば、雲を抜けるために大きなエネルギーが必要ということであり、雲の上限が上値抵抗線、下限が下値支持線として機能しやすいということだ。

その点を踏まえると、厚い雲は、2つの先行スパンで囲まれた一種のボックス相場（レンジ相場）と見ることができる。現在の株価が雲中にある場合、ボックス相場での立ち回り方と同じように、雲の上限で売り、下限で買うという売買ができるだろう。

ただし、テクニック145のようなリスクがあるため、雲を抜けたときの損切りを徹底することが大事だ。

雲を使った売買手法

[伊藤忠商事（8001）　日足　2022年12月～2023年2月]

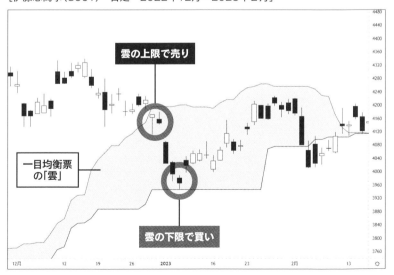

基本
lecture
145

一目均衡表の雲中にある銘柄は様子見する

雲中は上下しやすいので安易に売買しない

一目均衡表から読み取れるサインには、基準線と株価のクロス、基準線と転換線のクロス、三役好転（テクニック143参照）・三役逆転、雲抜けなどがある。

なかでも、雲は一目均衡表の代表的な存在だ。「未来」の支持線・抵抗線となる価格帯や、その強さ（雲の厚み）を表している点は、ほかのテクニカル指標にはない特徴だ。

売買のタイミングとしては、雲の上抜けで買い、下抜けで売り。

テクニック144のような考え方もあるが、雲のなかは支持・抵抗の押し合いが起きやすく、株価の行先も読みづらい。そのため、リスクを抑えて売買するためには、上下どちらかに抜けるタイミングを待ってから売買するのがよいだろう。

雲のなかで押し合いをする例

[タカラバイオ(4974)　日足　2022年9月22日〜2月28日]

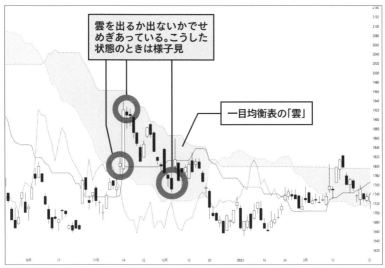

雲を出るか出ないかでせめぎあっている。こうした状態のときは様子見

一目均衡表の「雲」

ストキャスティクスで
相場の過熱感を判断する

平野朋之

買われすぎているときは 買いを控える

ストキャスティクスはオシレーター系テクニカル指標のひとつで、相場の過熱感を探り、RSIと同様にメインチャートの下（サブチャート）に表示される。

ストキャスティクスは下限が0、上限が100の範囲で表され、0に近いほど売られすぎを示し、100に近いほど買われすぎを示す。今後株価が上昇することで利益を得たいと考える場合、目先の過熱感が出ているときは買いを控え、なるべく安い水準で買うほうが得策だ。

下図の場合、A地点ではストキャスティクスの値が「80」を超えているため、目先過熱感が高まっている状態と判断し買いを控えたほうがよい。ストキャスティクスの値が「20」以下であり、売られすぎの水準に達したB地点まで待って買い持ちに回ることで、無駄な損失を抑えることが可能になる。

ストキャスティクスで売られすぎ・買われすぎを判断する

［東日本旅客鉄道（9020）　日足　2023年1月～3月］

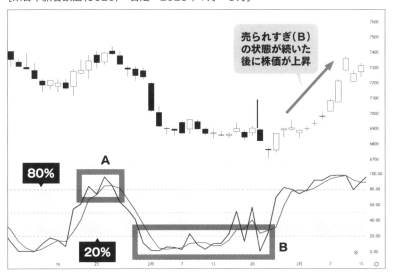

売られすぎ（B）の状態が続いた後に株価が上昇

ストキャスティクス　▶　一定期間内の最安値、最高値などをもとに過熱感を数値化した％Kと、％Kを平均化した％Dという2つの線で構成されている

ストキャスティクスは％Dを重視してダマシを減らす

平野朋之

％Dは比較的滑らかな動きをする

ストキャスティクスは、早い反応を見せるストキャスティクス（％K）と、％Kを平均化した％D、という2本の線で成り立っている。

下図はローソク足、％K、％Dの3つを表示したチャートだ。％Kのうち四角形で囲った箇所に注目すると、買われすぎを示す水準「80」のラインを何度も上下している。これは「ダマシ」の反応であり、買われすぎの水準を脱したと判断し、信用売りを行ったとしても、結局その後も株価は上昇を続けてしまう。

一方、％Dのうち四角形で囲った箇所に注目すると、％Kに比べてジグザグが減り、判断に迷う場面が減る。目先のダマシに合わないためには％Dを重視することが大切だ。

また、一部のチャートソフトでは通常のストキャスティクスよりもダマシを減らせる「スローストキャスティクス」を使うことができる。

％Dに注目してダマシを減らす

[SMC（6273）　日足　2023年1月～3月]

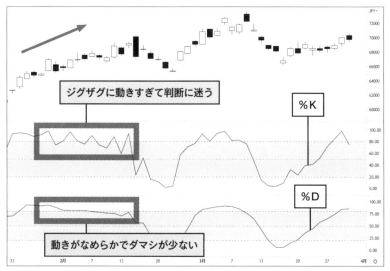

ジグザグに動きすぎて判断に迷う

％K

％D

動きがなめらかでダマシが少ない

％K・％D　　　▶ ％Kは、（直近終値－過去n日間の最安値）÷（過去n日間の最高値－過去n日間の最安値）×100（％）で算出。％Dは、期間内（M）に対する％Kの単純移動平均

RSIはパラメータ変更で サインの頻度が変わる

逆張りに有効な テクニック

RSIは、終値ベースで上昇変動と下落変動のどちらの勢いが強いかで相場の過熱感を計測するオシレーター系（テクニック134参照）のテクニカル指標。

数値が20〜30％で「売られすぎ」、70〜80％で「買われすぎ」と判断ができる。それぞれ「売られすぎ」では買い、「買われすぎ」では売り、の逆張りサインとなる。

一般的に使うパラメータは14だが、9や25も使われることがある。

下図のように、数値を小さくすると、RSIの振れ幅が大きくなる。サインの発生回数も多くなることから取引回数を増やすこともできるが、一方でダマシも多くなるというデメリットも生まれてしまうため、注意が必要だ。

サインの頻度の変化

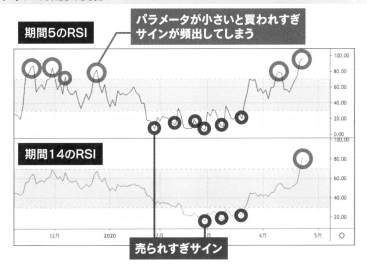

※RSIの線はパラメーターの期間に上昇と下降の値動きの平均から
上昇の割合で計算される。計算式はA÷（A＋B）×100

3つの売買サインが現れる MACD

ゆず

3つのポイントを押さえて売買を行う

MACD（マックディー）は、MACD線、シグナル線、そしてヒストグラムで構成されるテクニカル指標だ。短期の移動平均線と中期の移動平均線の動きから売買のタイミングを判断する。指数平滑移動平均線を使用しているため、単純移動平均線より早く売買サインが出現しやすい。使い方は次の3つ。

①MACD線がシグナル線を下から上に突き抜けるGCが買いポイント、上から下に突き抜けるDCが売りポイント

②MACD線が0ラインの上を超えると上昇トレンドが続くサインとされる。さらに、後を追うようにシグナル線も0ラインを超えると、より上昇が続くサイン

③株価とMACDが逆のトレンドを示すダイバージェンス（テクニック151参照）発生後は、トレンドの転換が予測される

MACDで見る3つのサイン

[大正製薬HD（4581）　日足　2022年1月～10月]

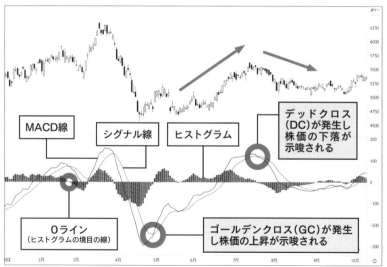

MACD線

シグナル線

ヒストグラム

デッドクロス（DC）が発生し株価の下落が示唆される

0ライン
（ヒストグラムの境目の線）

ゴールデンクロス（GC）が発生し株価の上昇が示唆される

指数平滑移動平均線　▶　直近の価格に比重を置いた移動平均線。最新の価格をより強く反映するため、値動きに敏感に反応し、トレンドの転換を早めに確認できる。EMAともいう

応用
technique
150

MACDのGCは0ラインより下で発生したときが狙い目

ようこりん

割高な銘柄も安く買うことができる

下図は、オリエンタルランド（4661）のチャートだ。「山高ければ谷深し」という投資格言の通り、過去最高値を出した後に株価が急落した。このときのMACDを見ると、0ラインよりかなり低い位置でGCが発生していることがわかる。実は、MACDのGCは0ラインより下の位置であるほど信ぴょう性が高く、トレンドが続きやすくなる。

このケースでは、下落から約3カ月後、3466円から4235円まで769円上昇した。0ラインよりどれだけ下の位置でクロスするかは、銘柄や株価指数によって異なる。例えば日経平均株価は、MACDの値が-400付近でクロスすることがある。

オリエンタルランドはファンダメンタルズ分析だけで見ると割高で買えないが、このようにテクニカル指標を見ることで割安なタイミングを探ることができる。

0ラインより下でMACDのGCが発生した例

[オリエンタルランド（4661） 日足 2022年2月〜9月]

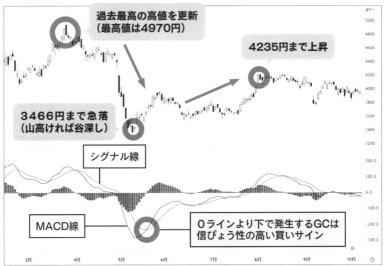

過去最高の高値を更新（最高値は4970円）

4235円まで上昇

3466円まで急落（山高ければ谷深し）

シグナル線

MACD線

0ラインより下で発生するGCは信ぴょう性の高い買いサイン

MACD線・シグナル線 ▶ MACD線は、短期EMA－長期EMAによって算出されたライン。シグナル線は、MACD線の数値をもとにしたSMA（単純移動平均線）

ダイバージェンスで見る
サインとトレンド

伊藤亮太

ローソク足と指標が
反対に動く現象

オシレーター系のテクニカル指標では、ローソク足とテクニカル指標が反対の動きをする現象（ダイバージェンス）が発生することがある。

例えば、ローソク足が下降トレンドをつくり安値を更新する一方で、MACD線の安値が切り上がっている状態がダイバージェンスだ。一見、どちらの動きを信じるべきか悩んでしまうが、この形が現れた後は株価が上昇に転じやすく、買いサインとされている。

また、売りサインとなるダイバージェンスも存在する。

ローソク足が上昇トレンドをつくり高値を更新する一方で、MACD線の高値が切り下がっている状態だ。このサインが表れた後は株価が下落しやすいと覚えておこう。

トレンドの継続を示す
ヒドゥンダイバージェンス

前述のダイバージェンスはトレンドの転換を示すサインだが、トレンドの継続を示すヒドゥンダイバージェンスというサインもある。

ヒドゥンダイバージェンスの買いサインは、ローソク足の安値が切り上がっている一方で、MACD線の安値が切り下がっている状態だ。このとき、株価は上昇を継続する傾向があるため、買いと判断できる。

ヒドゥンダイバージェンスの売りサインは、ローソク足の高値が切り下がってる一方で、MACD線の高値が切り上がっている状態。このとき、株価は下落を続ける傾向にあり、売りと判断することができる。

これら4つのサインはいずれも似ており、混乱しやすいが、覚えておくと相場の転換・継続を判断することができる。

また、ダイバージェンス・ヒドゥンダイバージェンスはMACDだけでなく、RSI（テクニック148参照）でも現れることで有名だ。こうしたオシレーター系のテクニカル指標を使うときには把握しておきたい。

山高ければ谷深し ▶ 投資格言のひとつ。株価が急上昇したとき、その上昇幅が大きいほど、その後の反落する可能性があることを示している

トレンドの転換を示すダイバージェンス

[左:東京エレクトロン(8035)　日足　2022年6月〜12月
右:三菱UFJフィナンシャル・グループ(8306)　日足　2023年1月〜3月]

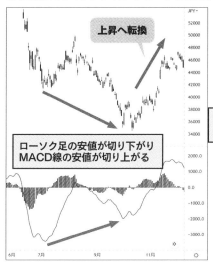

上昇へ転換

ローソク足の安値が切り下がり
MACD線の安値が切り上がる

下落へ転換

ローソク足の高値が切り上がり
MACD線の高値が切り下がる

トレンドの継続を示すヒドゥンダイバージェンス

[左:武田薬品工業(4502)　日足　2022年9月〜2023年3月
右:小松製作所(6301)　日足　2022年7月〜9月]

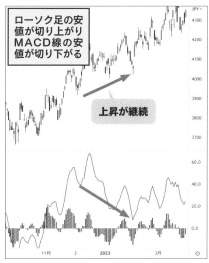

ローソク足の安値が切り上がり
MACD線の安値が切り下がる

上昇が継続

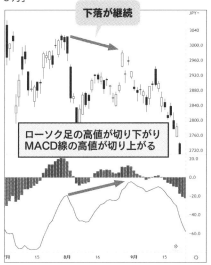

下落が継続

ローソク足の高値が切り下がり
MACD線の高値が切り上がる

DMIで相場の状態を見極める

伊藤亮太

＋DIと－DIのクロスが売買ポイント

DMI（Directional Movement Index）とは、方向性指数と記され、相場の状態を見極めるときに利用される順張り指標である。

当日の高値と安値が前日の高値と安値に比べてどちらが大きいかを基準として相場の強弱を探る。

例えば、前日の高値より当日の高値が高い場合は上昇トレンドであり、前日の安値を当日の安値が下回る場合は下降トレンドであると判断する。DMIでは、相場の上昇と下落の状況を指数化（それぞれ＋DI、－DI）、グラフ化することでトレンドを見極めていく。

＋DIが－DIを上回る場合、上昇トレンドである状態を示す。＋DIが－DIを下回る場合、下降トレンドである状態を示す。＋DIが－DIを下から上抜いた場合は買いシグナル、＋DIが－DIを上から下抜いた場合は売りシグナルと判断する。

DMIの買いシグナル

［東京電力HD（9501）　日足　2020年10月〜2021年2月］

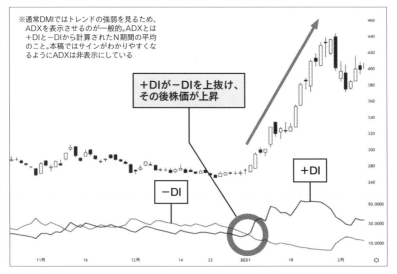

※通常DMIではトレンドの強弱を見るため、ADXを表示させるのが一般的。ADXとは＋DIと－DIから計算されたN期間の平均のこと。本稿ではサインがわかりやすくなるようにADXは非表示にしている

＋DIが－DIを上抜け、その後株価が上昇

－DI

＋DI

＋DI・－DI ▶ ＋DIは、n期間の＋DM（上昇幅）とTR（変動幅）を％でだしたもの。－DIは、n期間の－DM（下落幅）とTR（変動幅）を％で出したもの。n期間は14が多い

移動平均かい離率で急騰銘柄の利益を確定する

個別銘柄の過熱感を見るには移動平均かい離率が効果的

株価は需給のバランスで動くため、好材料が出たときなどに株価が割高な水準まで急騰したり、悪材料が出たときなどに割安な水準まで売り込まれることがある。

割安のときに買い、割高なときに売るという基本に照らせば、急騰・急落した銘柄の株価がどの水準にあるかを見ることが大切だ。

移動平均かい離率はそのために使える指標のひとつ。

かい離率が急激に拡大したときは、いずれ需給バランスが正常化し、株価が適正な価格に戻ると考えて、急騰銘柄を利益確定するのも手。

一方で、急落した銘柄は安く買うチャンスにもなり、リバウンド狙いで買うこともできる。

かい離率の見方

[トヨタ自動車(7203) 日足 2021年9月〜2022年7月]

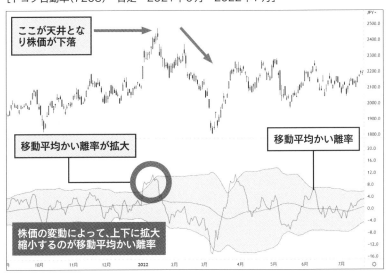

ここが天井となり株価が下落

移動平均かい離率が拡大

移動平均かい離率

株価の変動によって、上下に拡大縮小するのが移動平均かい離率

応用 technique 154
かい離率ランキングで相場の過熱感を判断

±10%〜30%を超えると大きく反発する可能性が大

　移動平均線と価格のかい離率は、ランキング形式で見ることもできる。売られすぎていたり、買われすぎている銘柄を探してトレンドを捉えたり、逆張りポジションをとる際に使うことができる。

　順張り目線の場合、移動平均かい離率（25日移動平均線で見ることが多い）が大きいほど、上昇（売りの場合は下落）の勢いが高まってい

ると判断できる。また逆張りの場合は大きくかい離している銘柄はいずれ調整が入るだろうという判断ができるため、ひとつの目安と考えることができる。

　Yahoo！ファイナンスでは、前日にかい離率が高かった銘柄が一覧でわかる。また、かい離率だけではなく、ストップ高銘柄や市場ごとの各種ランキングなどがタイムリーに反映されているので、それを見ながら市場の熱を判断しよう。

かい離率は手軽に調べられる

かい離率とは？

かい離率のイメージ

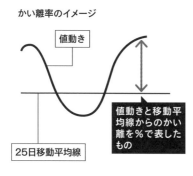

値動き

値動きと移動平均線からのかい離を%で表したもの

25日移動平均線

かい離率の調べ方

Yahoo!ファイナンスの高かい離率ランキング（https://info.finance.yahoo.co.jp/ranking/?kd=20）。

応用 technique 155 下降トレンド時のかい離率は 判断材料にならない

ようこりん

移動平均線に触れても 下がり続ける可能性大

移動平均線に対して価格がかい離した後は、やがてかい離が修正されるといわれているが、これが判断材料となるのは上昇トレンド時のみである。

下図の、1950年に日経平均株価が算出されてから現在までの約70年間のチャートを見てみよう。上昇トレンド時には途中で株価が下がっても移動平均線を超えて下がり続け

ることはない。一方で、下降トレンド時には移動平均線に触れた後も下がり続け、さらにかい離率もバラバラになっていることがわかる。

そのため、下降トレンドにおいては、「かい離率が常に判断材料になる」とは一概にはいえないのだ。

日経平均株価で見るかい離率

[日経平均株価 3カ月足 1980年〜2023年]

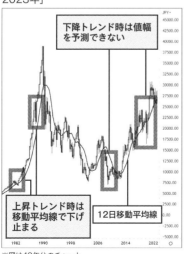

下降トレンド時は値幅を予測できない

上昇トレンド時は移動平均線で下げ止まる

12日移動平均線

[日経平均株価 月足 2005年〜2023年]

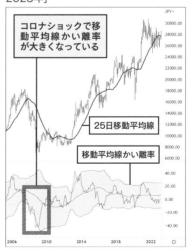

コロナショックで移動平均線かい離率が大きくなっている

25日移動平均線

移動平均線かい離率

※図は43年分のチャート

基本 lecture 156

「売られすぎ」は
騰落レシオで確認する

相場全体の過熱感は
騰落レシオが効果的

騰落レシオは、値上がり銘柄数と値下がり銘柄数を割り算して求める指標。

相場全体における買い方・売り方のバランスを見たり、トレンド転換を掴むきっかけになる。

単位は%で、100%より大きいときは値上がり銘柄数が多く、買い方が強い状態。120%を超えると過熱感があり、相場下落に転じる可能性

があるため、売りのタイミング。

100%未満のときは値下がり銘柄数が多く、売り方が強い状態。80%を割り込んだときは買いのタイミングと考えられている。

安く買いたい銘柄がある場合は個別の銘柄を合わせて市場全体の騰落レシオを確認。大きく下がったときを狙ってみよう。

騰落レシオは100を基準で見る

ニトリHD（9843）　日足　2021年11月〜2022年2月

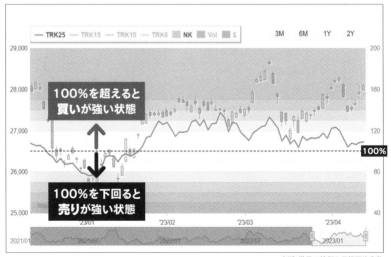

出所:世界の株価と日経平均先物

基本
lecture
157

過熱感を分析できる
RCI

伊藤亮太

より単純な形の
オシレーター系指標

RCIは日付と株価に順位を付け、この2つの間にどれだけの相関関係があるかを表したもの。線は1本だけで、数値は＋100％から－100％の間で表される。

使い方は、RCIが80％以上で買われすぎと判断されるため売りサイン。－80％以下になると売られすぎと判断されるため買いサインとなる。

RCIは1本で使用するだけでなく、パラメータを変えて複数本表示することもできる。この場合は、短期線が長期線を上回り、GCを形成すれば買いサインと見ることができる（下図では、パラメータを36と52に設定）。

RCIのゴールンデンクロス

[信越化学工業(4063)　日足　2022年8月〜2023年3月]

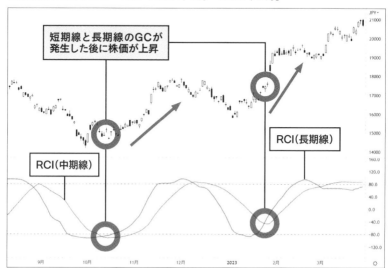

相場全体の傾向がわかる
サイコロジカルライン

伊藤亮太

投資家心理を表した
オシレーター系指標

サイコロジカルラインとは、買われすぎ、売られすぎを%で表したテクニカル指標のこと。

一定期間内における株価が上昇した日数・下落した日数から、株価の上昇率・下落率を算出する。

例えば、期間を10日に設定したとき、過去10日間で株価の上昇した日が8日、株価の下がった日が2日であれば、上昇率80%と計算される。反対に、株価の上昇した日が2日、下落した日が8日であれば、下落率80%だ。

基本的に上昇率が75%を超えると買われすぎと判断され、下落率が25%を下回ると売られすぎと判断される。個別銘柄で検討するというより、日経平均株価のような相場全体の動向を読む際に使うとよいだろう。

サイコロジカルラインと日経平均株価

[日経平均株価（NI225）　日足　2022年5月〜11月]

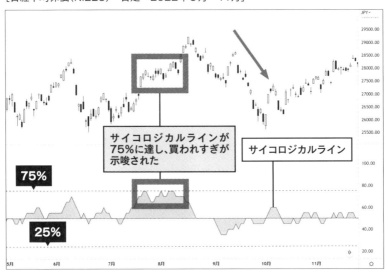

サイコロジカルラインが75%に達し、買われすぎが示唆された

サイコロジカルライン

75%

25%

VWAPを使って その日のトレンドを把握する

VWAPを使って 流れに乗る売買

デイトレードやスキャルピングのような短期トレードに役立つテクニック。

ザラ場中のトレンドを追う場合はVWAPを見てみよう。

VWAPは出来高加重平均取引のことで、わかりやすくいうと日中の取引値を平均したものだ。現在の株価がVWAPの上にあれば短期的にみて買い方優勢、下にあるときは売り方優勢を表す。

短期トレードではVWAPを見ながら取引している人も多く、機関投資家が売買する際の指標のひとつにもなっている。

そのため、VWAPの上で買い、下で売ることで、その日のトレンドに乗った取引がしやすくなる。

直感的で使いやすいため、短期トレードを行う人は活用したいテクニックだ。

VWAPのイメージ

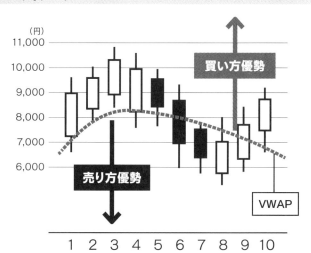

その日の大きなトレンドを知ることができる!

ザラ場 ▶ その日の取引が開始された時間（寄付）から、取引きが終了（引け）するまでの取引時間

使用するテクニカル指標は複雑にしない

伊藤亮太

取引の根拠を明確にするためのワザ

それぞれの取引スタンスにもよるが、個別株のテクニカル分析は、為替といったほかの金融商品と比較して効きづらい。

とはいえ、日経225先物やレバレッジETFに関しては多くの人がアルゴリズムによって自動注文をすることが多く、教科書通りの動きが出やすいので、テクニカル分析を参考にしている。しかし、その場合でもローソク足の基本的な形状を見たり、移動平均線のゴールデンクロスなど、多くの人が意識しているポイントだけを見ていくにとどめよう。

チャート上で複数のテクニカル指標で分析すると、取引の根拠を複雑化させてしまい、再現性が薄れてしまう。資金管理さえきちんとできていれば、シンプルなテクニカル分析で十分利益につながる。

多くの人が使う指標は信頼度UP！

参考にしている人が多いほど売買サイン通りに動きやすい

基本的にテクニカル指標は見ている人が多いメジャーな指標（移動平均線や出来高など）に注目するのがよいだろう。

参考にしている人が多いほど、指標のサイン通りに売買する人が増えやすく、株価も売買サイン通りに動きやすい。つまり、サインの信頼度が高くなるということだ。

また、サインが多いほど信頼度も高まる。

例えば、ゴールデンクロスだけを見て買うよりも、直近でダブルボトム（テクニック125参照）を付けた、出来高が増えているといったサインが重なっている方がリスクが小さくなる。

日経225先物　　▶ 日経平均株価（日経225）を対象とした株価指数先物取引のひとつ。決められた将来の期日までの値動きで売買する取引

トレンドが掴みやすくなる平均足

伊藤亮太

ダマシが少なく
トレンドの把握がしやすい

平均足とは、トレンドの流れの把握に適したチャートの表示方法である。

通常のローソク足の場合、日足であれば1日の値動きを1本のローソク足で表すことになる。その日の寄付の値段が始値となり、ローソク足の実体がつくられる。

一方、平均足の始値は「ひとつ前の期間の始値と終値の平均値」が充てられる。日足の場合、前日の始値と終値の平均値がそのまま翌日の平均足の始値になるのだ。

このように前日の株価を取り入れることで、値動きのブレを抑えることができ、よりダマシの少ないチャートができあがる。下図は、同じ期間のチャートをローソク足と平均足で比較したものだ。平均足は陰線と陽線が連続して表示され、トレンドの把握が容易になる。

ローソク足と平均足

[東京エレクトロン(8035) 日足 2022年9月～2023年3月]

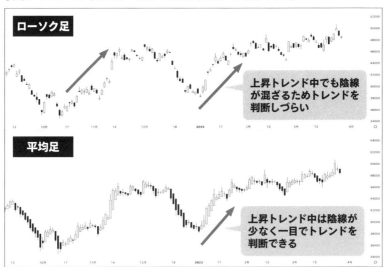

ローソク足

上昇トレンド中でも陰線が混ざるためトレンドを判断しづらい

平均足

上昇トレンド中は陰線が少なく一目でトレンドを判断できる

レバレッジETF ▶ 値動きがもとの投資対象の2倍、3倍などの動きになるように運用するETF(上場投資信託)。通常のETFよりも値動きが大きいので、短期間で大きな利益を得られることもある

株予報の「シグナル」ページで割高・割安を判断する

ようこりん

割安・割高を一目で確認できる

テクニック150において、オリエンタルランド（4661）のような銘柄はファンダメンタルズ分析だけでは買いづらいという話をした。1単元あたりの株価水準が高い値嵩株は、どうしてもPERが高くなってしまい、割高感が拭えないからだ。

しかし、そうした銘柄でも割安に買えるタイミングを探す方法がいくつかある。

そのひとつが、株予報というサイトの「シグナル」ページだ。銘柄ごとに、割高・割安を判断できる指標のチャートが表示される。このチャートは0.0〜1.0までの数値で表され、0.8以上が「高値圏警戒」、0.2以下が「底値圏突入」と表示される。目当ての銘柄が「底値圏突入」状態になれば買いを検討でき、「値圏警戒」の状態であれば買いを控えられる。

株予報のシグナルページを活用する

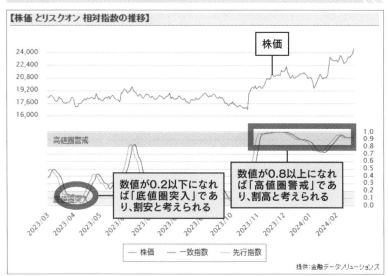

株予報（https://kabuyoho.ifis.co.jp/）のシグナルページ。銘柄ごとに割高・割安が判断できる指数が表示される。

基本 lecture 164

MTFで複数の時間足を同時に確認する

平野朋之

上位の時間足で大きな流れを把握する

ポジションを取る時間足だけで相場の状況を確認するよりも、その上の時間足のトレンドを確認したほうがよりトレードの精度が高まる。例えば、異なる時間足でのトレンドが一致している場合、強力なトレンドである可能性が高くなる。複数の時間足で確認することを、マルチタイムフレーム（MTF）と呼ぶ。

下図は、日足チャートに週足チャートを同時に表示したものだ。

週足は高値と安値が切り上がっているため、大きな流れは上昇トレンドと判断できる。その後、日足チャートでより細かなエントリータイミングを探ることが可能となる。

また、ポジションを保有しているときもこの分析は有効だ。大きなトレンドを把握できていれば、下図のような陰線が出現したときも、迷わずポジションを保有し続けることが可能になる。

日足と週足を同時に表示する

[ヤマハ発動機（7272）　日足＋週足　2023年1月〜3月]

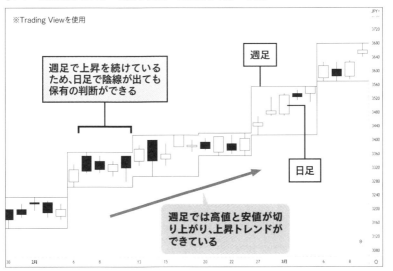

※Trading Viewを使用

週足で上昇を続けているため、日足で陰線が出ても保有の判断ができる

週足

日足

週足では高値と安値が切り上がり、上昇トレンドができている

MTF　▶　Trading Viewで「MTF Candlestick」という無料インジケーターを選択、Time frame を任意の時間軸（上図の場合は週足）にすることで誰でも無料で使用できる

小型株と日経平均株価の値動きを長期チャートで見る

ようこりん

短期間ではなく長期間でチャートを見る

小型株の株価は、日経平均株価に先行して動きやすい。

ここで重要なのは、数カ月〜1年単位の短い期間でチャートを見るのではなく、10年ほどの長期チャートで株価を見ることだ。

例えば、直近10年間の日経平均株価の長期チャートを見てみると上昇トレンドにあることがわかる。しかし、小型株である関東電化工業

（4047）の長期チャートを見ると、移動平均線を超えて株価を下げていることが読み取れる。

暴落が発生する際は小型株が先行して下落しやすいことから、株価を確認する際には、日経平均株価や持株だけでなく、必ず小型株も併せて見るようにしたい。

小型株は日経平均株価に先行して動く

[関東電化工業（4047）　月足　2012年〜2023年]

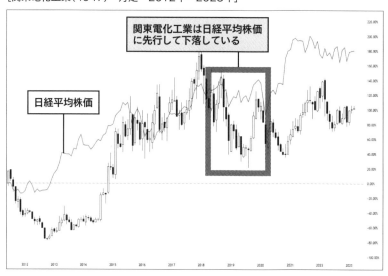

関東電化工業は日経平均株価に先行して下落している

日経平均株価

ダウ平均株価の高値・安値で日本株の相場を知る

日本の株式相場に強く影響するアメリカ経済

ダウ平均株価を見ると、日経平均株価の推移を予測できることが多くある。

例えば、2020年10月29日のダウ平均株価では安値を付けているが、翌日30日には陽線を出している。一方で、同時期の日経平均株価を見ると、10月30日に安値を付け、11月2日に陽線を出している。この期間のチャートは、ダウ平均株価と日経平均株価の連動を示している。下降相場のとき、ダウ平均株価でアメリカの株価が底を迎えれば、日本の株価も数日後に底を迎えるということなのだ。

アメリカ経済の影響を強く受ける日本の相場状況を理解するために、日ごろからダウ平均株価のチャートに目を通しておこう。

ダウ平均株価と日経平均株価の推移

[日経平均株価　日足　2020年1月〜2023年2月]

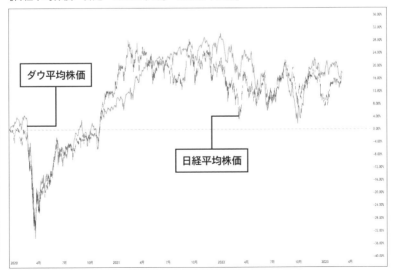

ダウ平均株価　▶ アメリカ経済を代表する30銘柄で構成された株式指数のことで、アメリカを代表する株式市場の重要な指標とされている

応用
technique
167

VIX指数を見て
買い時を判断する

投資家の恐怖心が高ければ
株が売りに出されやすい

危機が生じるたびに注目される VIX指数。これは恐怖指数とも呼ばれ、投資家が相場の先行きに不透明感を持っているときに上昇する傾向がある。シカゴ・オプション取引所が、S&P500を対象とするオプション取引のボラティリティをもとに算出している。

平常時、VIX指数は10〜20程度であることが多い。危機時など投資家が不安になる要素が発生した場合は指数が30〜40となり、株価が大きく下落することが知られている。

そのため、ひとつの目安として、VIX指数が30〜40になったら株式を買う、VIX指数が平常時と同様に戻ったら株式を売るといった方法が考えられる。

主に米国株を売買する際に注目しておきたい指標だ。

VIX指数と株価の推移

[VIX指数、S&P500　週足　2019年9月〜2023年4月]

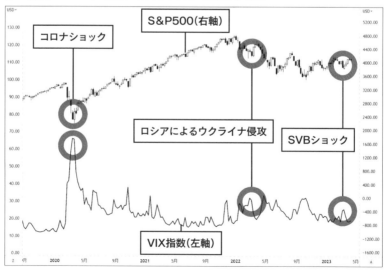

ファンダ
メンタルズ

企業決算、四季報の読み方から始まり、PER、
PEGレシオといった株価指標、
GDPや雇用統計といった経済指標を解説。
応用ワザとして、中長期的な目線を持てるように
アメリカなど世界経済の見通し方も紹介。

需給・決算状況・事業テーマが株価上昇のカギ

多くの人から同時に評価されることが急騰の条件

株が買われる要素はさまざまだが、買われる要素を多く持っている銘柄は、株価が急騰する。

株式市場で重要視されている要素は、需給、決算状況、事業テーマの3つだ。需給を判断する際は、出来高を見る。仮に株価が上がっても出来高が伴っていなければ、まだ需要が少ないということであり、一時的な上昇で終わる可能性が高い。

また、新規で買う場合は決算銘柄が重要になるが、単に決算がよいだけではバリュー的評価（割安）かグロース的評価（成長）かわからない。望ましいのは、これからの成長率を伴っていることである。

そのうえで、その銘柄がテーマに乗っているなら、評価は大きく変わる。人工知能や医療、新エネルギーなどの注目度が高いテーマにひとつでも乗っていると、さらに買いが集まる。

成長率を伴う注目度が高い銘柄を見る

[Appier Group(4180)　日足　2023年10月～2024年3月]

Appier Groupは人口知能を活用したマーケティングを提供する企業。2023年11月に上昇トレンドへと転換後、以降も高価格で推移を続けていた

Appier Groupの決算実績

過去の四半期決算の実績データ(2023年12月期時点)

前年同期 との比較	売上高 増収 ↑ +69.9億円	営業利益 増益 ↑ +7.5億円	経常利益 増益 ↑ +9.5億円
決算期	売上高	営業利益	経常利益
2023年12月期	26,418	801	1,063
2023年9月期	18,802	362	429
2023年6月期	11,722	48	110
2023年3月期	5,552	-31	-12
2022年12月期	19,427	50	111

出所：みんかぶ

2023年9月期と2023年12月期を比べると、5つの項目（売上高、営業利益、経常利益、純利益、1株益）すべてにおいて上昇しているため、好決算銘柄といえる

決算短信で3カ月ごとの業績を追う

伊藤亮太

上場企業が公開する決算情報を確認

決算短信とは、企業の財務情報や経営状況がわかる書類である。上場企業はこの決算短信を公表しており、内容次第では株価を大きく動かす可能性がある。具体的には、「通期の決算短信」と「四半期ごとの決算短信」がある。四半期ごとの決算短信を確認し、3カ月ごとに業績が上向いているかを確認しよう。また、通期の決算短信には来期の業績予想が示されている。

ただし、自動車、航空、小売業などの業種の業績は景気の左右されやすく、上昇と下降を繰り返しやすい。数値が上下しつつも中長期的に見て拡大しているかを確認したい。

決算短信は、各企業のホームページのほか、日本取引所グループの「適時開示情報閲覧サービス」から確認できる。公表時期は、過去の決算短信の公表日からも推測可能だ。

決算短信に書かれている内容（任天堂の例）

（百万円未満切捨て）

1. 2024年3月期第3四半期の連結業績（2023年4月1日〜2023年12月31日）
(1) 連結経営成績（累計） （％表示は、対前年同四半期増減率）

	売上高		営業利益		経常利益		親会社株主に帰属する四半期純利益	
	百万円	％	百万円	％	百万円	％	百万円	％
2024年3月期第3四半期	1,394,796	7.7	464,410	13.1	567,357	17.6	408,041	17.9
2023年3月期第3四半期	1,295,178	△1.9	410,541	△13.1	482,580	△6.1	346,227	△5.8

(注) 包括利益 2024年3月期第3四半期 448,431 百万円（13.9％） 2023年3月期第3四半期 393,581 百万円（2.0％）

営業成績
売上高、営業利益、経常利益、四半期純利益などが記載される

		潜在株式調整後1株当たり四半期純利益
	円 銭	円 銭
20	0.48	—
20	7.05	—

※…株を10株に分割しました。1株当たり四半期純利益については、前連結会計年度の期首に当該株式分割が行われたと仮定して算定しています。
※四半期末は分割前、期末は分割後の金額を記載しています。
※詳細については、本日（2024年2月6日）公表しました「通期業績予想および配当予想の修正に関するお知らせ」を併せてご覧ください。

3. 2024年3月期の連結業績予想（2023年4月1日〜2024年3月31日） **来期の業績予想**

（％表示は、対前期増減率）

	売上高		営業利益		経常利益		親会社株主に帰属する当期純利益		1株当たり当期純利益
	百万円	％	百万円	％	百万円	％	百万円	％	円 銭
通期	1,630,000	1.8	510,000	1.1	620,000	3.1	440,000	1.7	377.93

(注) 直近に公表されている業績予想からの修正の有無 ： 有
※詳細については、本日（2024年2月6日）公表しました「通期業績予想および配当予想の修正に関するお知らせ」を併せてご覧ください。

出所：任天堂「2024年3月期第3四半期決算短信」

有価証券報告書で正確な決算情報を得る

伊藤亮太

決算短信の数値が修正された「確定版」

　有価証券報告書とは、上場企業などが開示する投資判断に有用な書類である。事業の状況や経営状態を確認でき、投資判断に活かすことが可能となる。

　決算短信が、決算日の45日以内に提出される「速報版」であるのに対し、有価証券報告書は提出期日が決算日から3カ月以内と定められている。決算短信の数値が修正された、決算の「確定版」だ。企業の1年間の営業成績や経営指標を正確に把握したい場合に利用する。決算短信と同様に、「四半期ごと」「通期」の2種類がある。

　株価は、先に公表される決算短信をもとに変動する可能性が高いものの、企業の状況を正確に把握するためには有価証券報告書を読みこなす必要がある。少なくとも貸借対照表、損益計算書、キャッシュフロー計算書について理解するとよい。

有価証券報告書に記載される3つの財務諸表

貸借対照表

・「資産」「負債」「純資産」の3つが記載されている。
・資産から負債を引くことで企業の持つ実質的な現金を概算できる（テクニック182参照）

損益計算書

・売上高、営業利益、経常利益などがわかる
・特に、企業の収益力を表す純利益（EPS）に注目（テクニック176参照）

キャッシュフロー計算書

企業が何にお金を使っているかが、「営業活動」「投資活動」「財務活動」の3つに分けて記載されている

応用 technique 171

月次決算を公開している企業もある

伊藤亮太

毎月の売上を確認できる

3カ月ごとの決算短信、1年度の総まとめとしての有価証券報告書のほかに、さらに細かく毎月の月次の業績を公開している企業がある。

月次では主に1カ月の売上高を中心に、前月との比較ができるように公表されている場合が多い。なかには対前年比や新規店舗と既存の店舗を分けて売上高の状況を公表している場合もある。こうした月次の状況がわかることで、より株価は適正水準へと推移していきやすくなる。また、予想との乖離がどの程度あるのか、どの月が繁忙期／閑散期なのかなどもわかるようになる。

一例として、日産証券グループ（8705）の月次開示資料を掲載する。証券会社の業績はその時々の経済情勢に影響されるため、単純な過去の数値との比較は難しいが、決算短信や有価証券報告書の公開前におおよその決算を把握できる。

月次決算（月次業績）の読み方（日産証券グループの例）

2．2023年12月の月次事業指標（連

繁忙期／閑散期の把握が可能となる

（月次推移）　　　　　　　　　　　　　　　　　　　　　　（単位未満切り捨て）

	7月	8月	9月	10月	11月	12月
口座数	54,138	54,217	53,845	53,868	53,884	54,132
預かり資産（百万円）	283,106	289,241	296,389	290,101	298,014	290,067
リテール事業	222,449	225,868	222,673	221,386	229,931	225,374
うち投資信託残高	25,945	26,012	25,672	24,689	25,794	28,063
うち外国株預かり残高	15,107	15,396	14,584	13,676	15,143	15,100
ホールセール事業	60,657	63,373	73,716	68,715	68,083	64,693
純金積立預かり残高（百万円）	10,090	10,387	10,147	10,809	10,808	10,615
株式等売買代金（百万円）	14,211	17,413	21,802	14,100	15,925	15,065
リテール事業	12,150	13,547	17,615	11,142	13,044	12,926
うち国内株式等売買代金	9,459	11,233	14,465	9,707	10,794	11,213
うち外国株売買代金	2,691	2,314	3,150	1,435	2,250	1,713
ホールセール事業			4,187	2,958	2,881	2,139
デリバティブ取引売買高（百枚）			41,658	41,099	29,853	32,278
リテール事業			1,721	2,418	1,994	1,976
ホールセール事業	29,330	31,560	31,937	38,681	27,859	30,302

事業ごとに収益の増減がわかる

出所：日産証券グループ「2024年1月の月次業績等（速報）に関するお知らせ」

業績予想は株価に影響を
与えやすい

伊藤亮太

業績予想は
企業予想と相場予想がある

株価に大きなインパクトを与えるものには何があるか？　何といっても業績が第一であろう。業績がパッとしなければ株価は低迷する。特に、来期の業績予想は株価を動かす大きな要因となるため注目すべき事項である。それでは、来期予想はどこに掲載されているか？　企業が公表する予想は、決算期の決算短信にて確認できる。

例えば、イー・ギャランティ（8771）の2024年3月期第3四半期の決算短信で、通期の連結業績予想は増収減益予想と公表された。この数字が相場が想定する数字よりも高ければ株価は上昇し、想定外の低い数字であれば株価は下落すると想定できる。また、四季報などの予想数値との比較で株価が変動することもある。ただし、イレギュラーが発生するケースもあるためテクニック177も併せて覚えておきたい。

企業の業績予想と相場の業績予想を比較する

●会社の業績予想は決算短信を見る

3. 2024年3月期の連結業績予想（2023年4月1日～2024年3月31日）

（％表示は、対前期増減率）

	売上高		営業利益		経常利益		親会社株主に帰属する当期純利益		1株当たり当期純利益
	百万円	％	百万円	％	百万円	％	百万円	％	円 銭
通期	9,500	11.8	4,800	15.6	4,900	15.8	3,200	11.7	67.41

（注）直近に公表されている業績予想からの修正の有無　　無

出所：イー・ギャランティ「2024年3月期第3四半期決算短信」

●相場の業績予想（コンセンサス予想）は投資情報サイトなどを見る

> 株予報Proなどの
> サイトの相場予想を確認

> 四季報に書かれた
> 会社予想を確認

> 相場予想より会社予想が高ければ
> 株価が上がりやすい

基本 lecture 173 企業の決算発表日を事前に把握する方法

伊藤亮太

株予報を使ってスケジュールを把握

企業の決算発表日が近い株式を探しているときに便利なのが、「株予報」というサイトだ。最新ニュースの一覧や、売買のシグナルが出た銘柄の一覧などが確認できるほか、決算情報をまとめたスケジュールページがある。

名前の通り、決算を発表する企業がカレンダー形式で1日ごとに書かれており、わかりやすくなっている。

過去に決算発表した企業も閲覧できるが、1カ月前までしかデータが残っていないので注意。

また、進捗状況と前期の結果もまとめられている。日付をクリックすると左下に表示される銘柄については、銘柄名をクリックすると別のページに飛び、チャートやPER（テクニック186）などの投資指標、市場コンセンサスも閲覧できる。

株予報でスケジュールをチェック

株予報の決算スケジュールページ（https://kabuyoho.ifis.co.jp/index.php?action=tp1&sa=schedule）。決算日ごとに銘柄が掲載されている。

市場コンセンサスで今後の株価の動きを見る

経常利益や株価推移を無料で見る

個別株に対する複数のアナリストの見解を知ることができる「市場コンセンサス」は、今後株価がどのように推移していくかのひとつの目安となる。

Yahoo!ファイナンスが運営する「株予報」では企業の経常利益や今後の株価についての予想を無料で見ることができる。

また、有料ではあるが、東洋経済新報社が発刊する四季報には独自の業績予想が掲載されている。

ただし、業績がよいから株価が上がるわけでなく、業績がよくてもそれが予想どおりだと上がらないことがある。あくまで事前予測されたコンセンサスとの比較が肝。

過去の予想よりも実績の高い会社を探す

伊藤亮太

四季報発売と同時に状況を把握する

上場企業のなかには、業績予想を保守的に見積もり、毎回のように予想を上回る、または予想と同程度になるといった企業が存在する。こうした企業においては、業績の上方修正が期待できるため、株価も堅調となる場合がある。

そのため、まずは過去の企業の業績予想と実績を調べ、その後の株価推移を検索してみよう。ただし、こうした企業のなかには、企業が公表する業績予想ではなく、四季報など第三者が予想する業績が株価に反映されている場合（すでに株価に織り込み済み）といったこともある。

そうした場合は、四季報の発売と同時に状況を把握し、業績がさらに上向き予想となっているときは、すかさず買っていくことで株価上昇の恩恵を受けられる場合がある。

市場コンセンサス ▶ 複数の証券アナリストが個々の銘柄について算出している1株あたりの純利益や株価のレーティング予想の平均値

売上高や営業利益と併せて EPS成長率にも注目する

三井智映子

企業の現実的な収益力が把握できる

EPSと は、「Earnings Per Share」の略で1株当たり純利益を指す。当期純利益（税引き後利益）÷発行済み株式数（自社株は含まない）で算出する。

企業を評価する際に使われる指標のひとつであり、株式投資の収益性を把握することができる。

基本的には数値が高いほど企業の現実的な収益力が高いと考えられ

ており、企業の当期EPSとこれまでのEPSを比較して伸びていれば、その企業は成長していると判断することもできる。

EPS成長率は（当期EPS−前期EPS）÷前期EPS×100で計算でき、増加傾向にある場合は将来的な株価上昇が期待できるとされる。また、PER（テクニック186参照）やROE（テクニック191参照）、配当性向（テクニック045参照）などの重要指標の計算にも利用される。

豊田通商(8015)におけるEPS成長率

EPS成長率(%) = （当期EPS−前期EPS） ÷ 前期EPS ×100

●豊田通商(8015)の場合

| 2022年3月期EPS 631円 |
| 2023年3月期EPS 807円 |

> 成長率が高く、株価上昇に期待できることがわかる

$$(807円−631円)÷631円×100=約27\%$$

応用 technique 177

好決算でも売り・悪い決算でも買いのときがある

伊藤亮太

すでに株価に織り込まれている可能性がある

「決算がよいのに株価が上がらない」「決算が悪かったのに株価が上がる」こうした現象は、多くの個人投資家が疑問に思うところだろう。これは多くの要因が考えられる。

まず、今期の決算自体の状況がすでに織り込み済みであり、来期の予想が株価に反映される場合だ。好材料が出ており、決算発表前に株価が上昇していれば業績が織り込まれていると判断することができる。

ほかにも、業績の上方修正が出たことですでに今期の決算が織り込み済みとなり、決算発表時に株価が上がらない場合もある。むしろ、今期よりも来期の予想が悪化していることにマイナスの反応を示し、株価が下落するといったこともある。

最後は、下図のような業績予想が達成できないと判断されて株価が下がる場合だ。業績予想と実績を比較するという視点も持つとよい。

決算がよいのに株価が上がらなかった例

[日産自動車(7201)　日足　2023年12月～2024年2月]

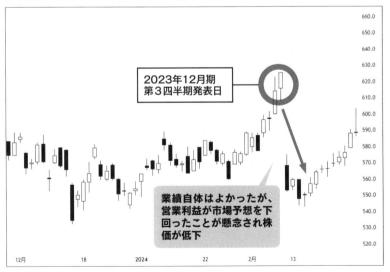

2023年12月期
第3四半期発表日

業績自体はよかったが、営業利益が市場予想を下回ったことが懸念され株価が低下

基本 lecture 178 暴落後の相場は 高配当・無借金銘柄が生き残る

伊藤亮太

■ スクリーニングの基準は 生き残る体力があるか否か

リーマンショックなど、過去の下降相場からの教訓として、株価の下落が長期間続いた場合、基本的にどんな業界であっても相場の影響は受けるため、体力のない企業は淘汰されていく。例えば、2020年のコロナショックは、原因が感染症であることから、どの程度影響が長続きするのかという予想は難しかった。この状況で中長期の投資を行うには「今後生き残っていく体力のある企業」を基準にするとよい。

具体的には「会社に現預金があるかどうか」という点を見よう。配当金は会社が稼いだ現預金から支払われるため、現預金が多い会社は配当利回りが高い傾向にある。さらに負債（借金）が少ない（理想は無借金）という条件が整っていれば企業の体力を示す大まかな指標になる。

基本 lecture 179 決算発表後に購入しても 上昇トレンドに乗れる

■ 直後の株価上昇が 5〜10%なら買い

業績を取引の根拠とする場合に覚えておきたいのが、決算発表が市場の空いている時間かそうでないかという点。引け後の発表で好材料が出た場合は翌日の寄付で買われるため、乗り遅れる可能性は低い。

一方、場中に発表された場合は即買われるので、乗り遅れると高値掴みの危険性がある。決算発表後で業績がよい場合、その直後の株価上昇が5〜10%程度ならば上昇トレンドに間に合うことが多い。

決算情報を一覧で見る

出所：TDnet(https://www.release.tdnet.info/inbs/I_main_00.html)

四季報のニコニコマークで
スクリーニング

■ 投資範囲を3000社から
100社に絞る

四季報の独自要素である通称「ニコニコマーク」は、四季報の取材記者が予想した営業利益と会社発表の営業利益とのかい離率を表す。

かい離率が3％以上30％未満の場合はニコニコマークがひとつ（強気）。このニコニコマークは、会社が「業績予想を控えめに出している可能性が高い」ことを示唆する。したがって、株価にとって好材料とな

る上方修正を期待できるのだ。

ニコニコマークひとつは毎号100社ほど、ニコニコマーク2つは毎号30社ほどしかないので、このマークに絞って調べればスクリーニングの初期段階として使える。

また、月額料金を支払えば四季報オンラインのスクリーニング機能で「会社予想と東洋経済予想の乖離率（営業利益）（％）」と検索をかけるとニコニコマークと同様の条件で対応する銘柄を探すことができる。

■ ニコニコマークの見方

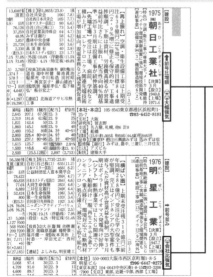

右ページであれば右端に表示されている。上段の朝日工業社は四季報記者の業績予想と企業の予想が30％以上かい離しているためニコニコマーク2つで表示されている。下段の明星工業はかい離が3～30％未満のためニコニコマークがひとつで表示されている

ニコニコマークは
上方修正期待
実力よりも控えめに業績を発表している可能性が高く、サプライズが期待できる

▼

買いどきを
判断する指標に！

出所：『会社四季報』東洋経済新報社

四季報オンラインの有料会員は急騰銘柄を狙える

月額1100円で先取り情報を入手

　開示情報、報道ニュースなどと並んで株価に影響を与える情報元として重要な四季報。紙版でも、定期購読すれば発売日前日に送付されるサービスを行っているため、年4回の四季報発売日には業績予想が修正された銘柄が急騰する「四季報相場」が起こることで知られている。

　また、ウェブで閲覧できる「会社四季報オンライン」では、毎月1100円（税込）の有料版（ベーシックプラン）に登録すると、紙版の四季報発売前に一部注目銘柄を先にチェックできる「四季報先取り超サプライズ！」サービスがある。

　プレミアムプラン（月額税込5500円）ではリアルタイムの株価、過去の四季報全編公開、プレミアム企業情報ページ、11種類の売買シグナルの表紙、株価のダウンロードができるサービスもある。

四季報オンラインのプランの比較

		ベーシックプラン	プレミアムプラン
株価		20分ディレイ	リアルタイム
スクリーニング		269項目150件まで	1118項目300件まで
データ	大量保有速報検索	○	○
	大株主検索	×	○
	株主優待検索	○	○
	四季報アーカイブ	直近4号のみ	○
登録銘柄	ウォッチリスト（登録銘柄機能）チャート	10グループ1000銘柄	20グループ2000銘柄
	マーケット指標	○	○
	業績予想	○	○
	業績	○	○
個別銘柄ページ	企業情報	△	○
	長期業績	△	○
	過去の四季報	直近4号のみ	○
	大株主	×	○
	株主優待	○	○
	時系列	△	○

四季報で会社の現金と時価総額を比較する

伊藤亮太

四季報から企業の余力を把握する

相場や社会情勢が安定した時期には、四季報の売りである「業績予想」が参考になることも多い。

ただ、昨今のコロナ禍においては、予想に反した大きな価格変動が起こることも考えられる。そのため、記事内容を鵜呑みにするのではなく、「黒字の企業」への投資を大前提とし「資産や負債」に関してのスクリーニングを行うことが重要だ。

まず、キャッシュフローの一番下に書いてある「現金同等物」の数字に注目する。この現金同等物から有利子負債を引いた額が、実質的にその会社の現金(余力)として捉えることができる。

そして、この余力を時価総額と比較したとき、余力のほうが大きい銘柄を選択していこう。

会社の余力を把握する

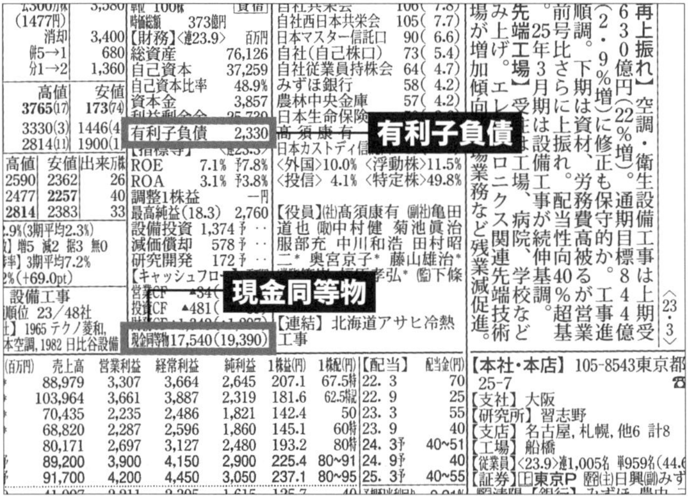

出所:『会社四季報』東洋経済新報社

応用
technique
183

暴落時の新興銘柄は
決算持ち越しもアリ

暴落と決算発表の重なりは
持ち越しで上昇を狙う

　基本的に決算を挟んだ持ち越しは、値動きが荒れやすいためおすすめできない。特に、新興銘柄のなかでもすでに割高で「グロース株」と呼ばれる成長銘柄は、高値時に決算内容への評価がすでに株価に織り込まれているため、決算で急落することもよく起こる。

　ただし、暴落時は少し話が異なる。新興銘柄に限っていえば、株価

の下落にある程度業績の悪化が織り込まれているため、実際の決算で悪い業績が発表されても、市場には出尽くしたと考えられ、買われる銘柄が出ることがある（テクニック177参照）。そのため、暴落と決算が重なった場合は持ち越しで上昇を狙うという手がある。いずれにしても、現在の株価がどの水準かによって持ち越しの際の値動きが変わってくるため、それを常に意識しておくとチャンスにつなげやすくなる。

上昇を狙える暴落

[サイバーステップ（3810）　日足　2023年1月〜2月]

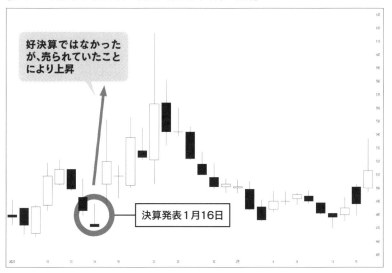

好決算ではなかったが、売られていたことにより上昇

決算発表1月16日

グロース株　▶ 企業の業績や成長率がよく、上昇が期待できる株のこと

189

応用 technique 184 同業種の決算が 他社に影響することがある

上方修正は
同業種で連動する可能性大

　同業種で決算日が違う銘柄は、すでに決算が出た企業の動向をヒントに、後日決算がある企業の決算を推測できる。例えば、10月1日に道路関連のA社が上方修正したら、10月3日に決算予定の道路関連のB社も上方修正する可能性が高い。また、10月10日に建設関連のC社が原材料高騰の為に利益を圧迫した場合、後日発表の建設関連企業も同様の理由で減益の可能性が高い。

　同業種が多く並ぶ東証プライム銘柄で利用しやすいワザだ。1点注意しておきたいのは、仮に決算日の近い3社があり、そのうち2社が先に決算日を迎えどちらも好調だった場合、残りの1社は特に意識されるため、決算日を待たずに買いが集まって上昇するケースだ。この場合、決算発表で買いに入ると高値掴みになる。事前に影響を受けそうな銘柄をグループ化して動向を追おう。

同業種間で影響が出る場合のイメージ

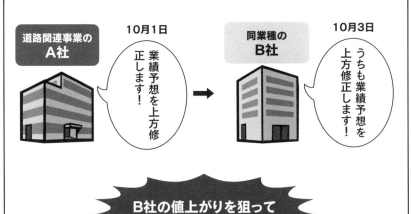

| 道路関連事業のA社 | 10月1日 | 同業種のB社 | 10月3日 |

業績予想を上方修正します！

うちも業績予想を上方修正します！

B社の値上がりを狙って買いのチャンスに！

大株主の動向で
有望な企業を見つける

株価に敏感で
自信のある会社が有望

ファンダメンタルズから投資のポイントを探したいときに覚えておきたい。安定的に株価が上昇する銘柄を探すには、「社長や会長が筆頭株主」＋「自社の株式を自社で買い増し」しているような企業を探してみよう。

ファーストリテイリング（9983）やソフトバンクグループ（9984）などがよい例だが、経営者が筆頭株主に名を連ねている銘柄は、経営者が株価の重要性を意識し、株価対策を講じる場合が多い。

自社株買い（テクニック195参照）についても、自社の今後の成長への自信から現れる行動だ。

大株主の変動は、四季報の株主欄や、金融庁が運営するEDINETの「大量保有報告書」などで検索できる。

EDINETで変動を調べる

①「大量保有報告書」にチェックを入れる

②期間を指定する

③検索窓に何も入力しないまま「検索」ボタンを押すと、該当の銘柄を確認できる

EDINETのトップページ（https://disclosure2.edinet-fsa.go.jp/week0010.aspx）に書類簡易検索の欄がある。

基本 lecture 186

銘柄の割安度がわかる PER

数値が低いほうが割安な銘柄

PERとは、株価が割安か割高かを判断するための指標で株価収益率（Price Earnings Ratio）のこと。PER（倍）＝株価÷EPS※1で算出される。EPSの何倍まで買われているかがわかり、利益から見てPERの数値は低いほうが株価は割安と判断される。過去の実績PERと将来の予想PERを比較し、現在の株価が割安かを推測したり、同業他社とPERを比較すると割安な株を探す一助となる。

PERは業種や相場によって異なることにも注意しよう。2023年2月時点でのプライム市場のPERは15.0倍、スタンダード市場は13.6倍、グロース市場は70.0倍となっている。日本取引所グループでは、各月末時点での規模別・業種別PER・PBR（連結・単体）を毎月第1営業日午後1時に更新している。

規模別・業種別のPER

規模別・業種別　PER・PBR（連結）

Average PER and PBR by Size and Types of I...

市場（規模）ごとに業種が分かれている

※1.集計対象は、連結財務諸表を作成している会...
※2.「ー」は該当数値なし、または「PER・PBRが...
※3.本表の作成に当たって使用した個々社株主に...

年月 Year/Month	市場区分名	Section	種別	Industry	会社数 No. of cos.	単純　PER（倍）Average PER(times)
2024/02	プライム市場	Prime	総合	Composite	1,647	17.6
2024/02	プライム市場	Prime	総合（金融業を除く）	Non-Financial	1,532	18.1
2024/02	プライム市場	Prime	製造業	Manufacturing	715	19.2
2024/02	プライム市場	Prime	非製造業	Non-Manufacturing	817	16.9
2024/02	プライム市場	Prime	1 水産・農林業	1 Fisher...	6	12.3
2024/02	プライム市場	Prime	2 鉱業	Mining	5	4.5
2024/02	プライム市場	Prime	3 建設業	Constr...	75	17.1
2024/02	プライム市場	Prime	4 食料品	Foods	68	26.8
2024/02	プライム市場	Prime	5 繊維製品	Textil...	21	20.8
2024/02	プライム市場	Prime	6 パルプ・紙	Pulp &...	10	32.4
2024/02	プライム市場	Prime	7 化学	Chemic...	123	16.6
2024/02	プライム市場	Prime	8 医薬品	Pharma...	34	22.6
2024/02	プライム市場	Prime	9 石油・石炭製品	Oil &...	6	9.1
2024/02	プライム市場	Prime	10 ゴム製品	Rubbe...	11	14.6
2024/02	プライム市場	Prime	11 ガラス・土石製品	Glass	23	24.7
2024/02	プライム市場	Prime	12 鉄鋼	Iron	22	9.2
2024/02	プライム市場	Prime	13 非鉄金属	Nonfe...	21	12.8
2024/02	プライム市場	Prime	14 金属製品	Metal	29	17.5
2024/02	プライム市場	Prime	15 機械	Machi...	112	21.3
2024/02	プライム市場	Prime	16 電気機器	Elect...	130	23.0
2024/02	プライム市場	Prime	17 輸送用機器	Trans...	41	17.7
2024/02	プライム市場	Prime	18 精密機器	Precision Instruments	27	14.1
2024/02	プライム市場	Prime	19 その他製品	Other Products	37	16.5
2024/02	プライム市場	Prime	20 電気・ガス業	Electric Power & Gas	21	36.6
2024/02	プライム市場	Prime	21 陸運業	Land Transportation	39	15.4

業種ごとのPERの平均値がわかる。繊維製品、医薬品、情報・通信業などはPERが20倍を超えており比較的高いとわかる※2

日本取引所グループの規模別・業種別PER（https://www.jpx.co.jp/markets/statistics-equities/misc/04.html）。

※1　EPSは当期の予想数値を用いるのが一般的。テクニック165も参照
※2　2024年2月分の結果のうちプライム市場の業種を参照

基本 lecture 187

来期予想から 割高・割安を判断する

割安成長株を探すときに 覚えておきたい

PERとは、銘柄の割安さを把握できる指標で、「株価÷1株あたりの純利益」で算出される。

長期で見る場合、PERなどでの比較は必要だが、バリューとして判断するには成長性も加味することが必要だ。PERは現在の株価と今期の利益を土台に算出されたものにすぎないため、投資家が気にするべき「将来の株価形成」まで示さない。

新興市場の銘柄にPERが50倍以上のものが多いが、来期の利益予想が今期の5倍と予想されていれば、PERは現在の5分の1になる。来期も現在の株価のままだとPERは10倍の割安銘柄になる。このように、業績や成長性も考えて投資すべきだ。逆に、現在PERが低くても、将来が不安であれば来年には割高になる可能性が高い。

基本 lecture 188

成長性を加味して 割安度を測るPEGレシオ

戸松信博

PERより一層 成長性のある銘柄を探せる

株価の割安度合いを見るにはPERがメジャーな指標だが、成長がない企業なども一括りにされるため、割安と思って買っても株価が上がらず塩漬けになることもある。

反対にPERが割高でも買われる企業もあり、安易に割安=買い、割高=売りと判断するのは危険。そんなときは複数の視点で割安度を分析するのもひとつの手だ。

例えば、PEGレシオはPERを業績成長率で割って算出する株価の割安さを判断する指標で、成長率も加味して銘柄の割安さを判断できる。一般的に1.5以上が割高、1.0以下が割安と認識されている。

単体・連結　▶　単体決算とは、子会社などを含めず1社分のみの業績をまとめた決算。連結決算は、子会社などのグループ全体を含めた決算。通常、連結決算を見て判断することが多い

基本 lecture 189
日経平均株価のPERで相場の過熱感を判断する

伊藤亮太

相対的な指標で次なる戦略を練る

相場の過熱感を判断する際に、「日経平均株価のPER」を参考にするという方法がある。

テクニック186で解説したように、もともとPERは「株価÷1株あたりの純利益（EPS）」で計算され、一般的には個別企業の割安度を判断するために用いられるが、相場全体を見る場合に株価指数のPERを確認することもある。

日経平均株価のPERは、「日経平均株価採用企業225社の平均株価÷今期予想1株純利益」という式で計算される。

多くの場合、日経平均株価のPERは平常時には13～14倍前後で推移していて、20倍を超えてくると「過熱感のある相場」と判断される。

日経平均株価から過熱感の判断

$$\text{日経平均株価のPER} = \frac{\text{日経平均株価採用企業225社の平均株価}}{\text{今期予想1株純利益}}$$

相場全体の過熱感を見る際に使う

| 平均 | 13～14倍 |
| 過熱的な相場 | 20倍以上 |

日経平均株価の構成銘柄の予想EPSの合計をもとに算出

日本経済新聞社のサイト「日経平均プロフィル」で日経平均株価のPERが確認できる（https://indexes.nikkei.co.jp/nkave/archives/data）。

ダウ平均株価の 過去のPERの推移を確認する

伊藤亮太

日経平均株価よりPERが高い 傾向にあるダウ平均株価

今後も米国株は伸びるに違いない。そう思いながら米国株投資を行う投資家も多いことだろう。とはいえ、米国株にも上げ下げはあり、高いときに買ってしまっては意味がない。そこで参考となるのが、アメリカの経済指標のPERである。PERの過去の推移を確認しながら、どの辺りの水準で買っていけばよいかを確認しよう。

2017年以降のダウ平均株価の予想PERは13 〜 33倍程度で推移している。とはいえ、13倍といった低水準になったのは、コロナショックのときのみであり、通常はそこまで低くなっていない。

おおよその目安であるが、15 〜 18倍以下で買っておけば無難と推測される。日経平均株価の予想PERは13 〜 14倍が通常のため、ダウ平均株価のほうがPERは高い傾向があることを知っておこう。

ダウ平均株価のPERの推移

[ダウ平均PER　2017年〜2024年]

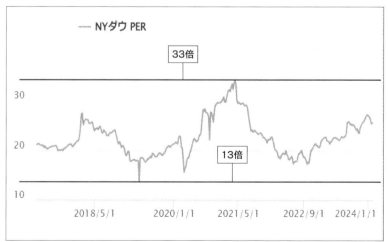

PER（NYダウ・ダウ輸送株平均・ダウ公共株15種平均）の推移（https://nikkeiyosoku.com/nydow/per/）。

ROEで効率的に稼ぐ企業を探す

伊藤亮太

自己資本に対してどれだけ利益を上げたかがわかる

ROEとは、自己資本利益率を指す。株主が出資したお金に対して、企業がどれだけの利益を上げたのかを示す指標であり、特に外国人投資家が注目するケースが多い。

一般的な目安としては、ROEが10%以上だとある程度効率的な経営ができているとされる。20%以上はかなり高いといえるだろう。

ただし、ROEはあくまで自己資本をもとにした指標。無借金の企業の場合は数字をそのまま鵜呑みにしてもよいが、借金が多い企業は要注意だ。つまり、自己資本が低く他人資本である借入金に多く依存している場合もROEが高くなる傾向があるからだ（もちろん、借入金を利用しうまく経営を行い業績を伸ばしている場合は問題ない）。

こうしたバランスを確認しながら、過去の状況やライバル企業の数値と比較しよう。

ROEから銘柄を選択する

$$ \text{ROE(\%)} = \text{当期純利益} \div \text{自己資本} $$

ROEランキング　　　　　　　　　　　　　　　　　　　　　表の見方

市場別：　**全国上場**

業種別：　全業種 | 水産 | 鉱業 | 建設 | 食品 | 繊維 | パルプ・紙 | 化学 | 医薬品 | 石油 | ゴム | 窯業 | 鉄鋼 | 非鉄金属製品 | 機械 | 電気機器 | 造船 | 自動車 | 輸送用機器 | 精密機器 | その他製造 | 商社 | 小売業 | その他金融 | 不動産 | 鉄道・バス | 陸運 | 海運 | 空運 | 倉庫 | 通信 | 電力 | ガス | サービス

コードまたは社名をクリックすると、株価などの情報が確認できます。ランキングおよび社名はデータ作成時点のものです。その後、共同持ち株会社化などで社名変更した会社については社名をクリックできません。個別の企業ページを見るには、検索ボックスで新社名を検索してください。

1位〜50位 | 51位〜100位

※ 銘柄フォルダの利用には会員登録とログインが必要です。

更新：2023/9/11

銘柄フォルダ	順位	証券コード	銘柄名	自己資本利益率(%)	業種	決算期
📁 追加	1	8848	レオパレス	157.32	不動産	2023/3
📁 追加	2	3989	シェアテク	109.90	サービス	2022/9l
📁 追加	3	7355	一寸房	94.74	サービス	2022/7

日本経済新聞のROEランキング（https://www.nikkei.com/markets/ranking/page/?bd=roe）。こうした銘柄から無借金のものを探せるとよい。

基本 lecture 192

ROAで資産を活用できている企業を探す

伊藤亮太

総資産に対してどれだけ利益を上げたかがわかる

ROAとは、総資産利益率を指す。企業の総資産を利用してどれだけの利益を上げられたかを示す指標であり、ROAの数値が高いほど総資本に対して効率よく利益を上げていることを示す。

そのため、ROAの高い企業から投資先を選択するのも一手だ。一般的に、5％以上のROAであると優良企業とされる。

ただし、注意点がある。ROAは総資産をもとに計算される。総資産には自己資本のほか、借入金などの他人資本も含まれるため、多額の負債を抱えていても利益を多く出していればROAは高くなる傾向にある。

また、工場など大規模な設備投資が必要な業種の場合、ROAは低くなる傾向にある。

そのため、ROEなどほかの指標も組み合わせて検討していく必要がある点に注意したい。

ROAの計算式とROAが高い企業の特徴

ROA(%) = 当期純利益 ÷ 総資産

経費を削減している

経費を削減することで当期純利益の増加につながり、ROAが上がる

借入金や買掛金を返済する

負債を減らすことで資産規模が圧縮され、ROAが上がる

不要な資産を売却する

不要な不動産や設備を売却することで資産規模が圧縮され、ROAが上がる

→ 負債が多くても利益を上げていればROAが高くなるため**負債の有無**も確認する

応用 technique 193 海外企業と比較するときは EBITDAに注目する

伊藤亮太

国際比較をしたいときに使える指標

EBITDAとは、金利支払い前、税金支払い前、有形固定資産の減価償却費及び無形固定資産の償却費控除前の利益を指す。シンプルに表現すれば、営業利益に減価償却費を加えたものだ（実際の算定式は複数ある）。簡易的な営業キャッシュフローベースの利益を示し、いかに稼いでいるかを比較できる。

税引き前などの利益が指標として用いられる理由は、各国の違いを考慮するためである。国によって金利水準や税率、減価償却の方法が違うため、企業の国際比較を行えるようにするためにこうした費用が引かれる前の利益が利用される。グローバル企業など海外投資家が注目する企業同士の比較では有効となるものの、国内の投資家が大半を占めるような企業の株価にはさほど影響を与えない可能性がある。海外投資家が注目する企業で利用したい。

EBITDAのイメージ

利益に減価償却費を含めるのか、含めないのか、国によって考え方が違う

課題
日本企業と外国企業の収益力を比較しづらい

EBITDA
税金や金利を引く前、かつ減価償却費を考慮した計算に統一

メリット
円をドルに換算することで比較が用意になる

EBITDA（日本企業の場合） ＝ 営業利益 ＋ 減価償却費

海外の投資情報サイトでも確認が可能

伊藤亮太

割安な海外企業がわかる EV／EBITDA倍率

応用 technique 194

企業価値（事業価値）と 比較した指標

EBITDAをもとに企業価値評価を行ったり、M&Aの際の指標として用いられるのがEV／EBITDAだ。EVとEBITDA（企業価値、事業価値）を比較することで、その企業の価値が収益の何倍なのか、収益力に対して割高なのか割安なのかを判断しやすくなる。

EBITDAは、予想数値を使う場合と実績数値を使う場合がある。予測数値がある程度正確な場合には予想数値を使えばよい。実績を重視するなら過去の平均値などを使用すればよいが、将来への期待が織り込まれていないため、あくまで目安として捉える程度にするとよいだろう。

注意点は、EBITDAがマイナスとなる場合は比較が難しいことと、いつ時点のEBITDAを使うかによって評価が異なってくる場合があること。EBITDAの変化を追いながら参考にするとよいだろう。

EV／EBITDA倍率の計算例

●A社の場合

・時価総額：15億円 ・現預金：2億円
・有利子負債：3億円 ・EBITDA：2億円

$$(15億円＋3億円－2億円)÷2億円＝8(倍)$$

EBITDA

同業他社と比べて数値の低いほうが割安と判断できる

B社

EV／EBITDA倍率が 6倍のとき

A社よりB社のほうが割安と判断できる

EV ▶ 企業価値や事業価値のこと。株式の時価総額＋有利子負債－現金及び現金同等物＋少数株主持分により計算される

基本 lecture 195

自社株買いは
株価が上がる可能性が高い

割安・上昇期待の
ダブルチャンス！

　これは、企業の動きをいち早くキャッチして儲けるテクニック。

　企業の内部情報を一番握っている企業自身が、自社の株価が市場において低く評価されていると考えている場合、自社株買いを実施することがある。

　このような自社株買いが行われた際は、一般の投資家もよい企業の株を安く買うことができるチャンスで

あり、需給状況の改善やPERなど各種指標の向上から今後株価が上がることが期待できる。

　こうした理由から自社株買いは好材料とされることが多く、株価が上がる要因のひとつとされていることを覚えておこう。

自社株取得銘柄は株マップ.comで調べられる

株マップ.COM

| TOP | マイページ | 銘柄探し | 銘柄分析 | 市場分析 | 外国為替 | 投資信託 | 遊ぶ |

株マップ.comトップ > 市場分析 > 適時開示情報一覧

TDnet 適時開示情報（カテゴリー：自己株取得）

[全て | 決算短信 | 業績予想修正 | 配当予想 | 予約権発行 | 自己株取得 | 開示資料訂正 | PR情報 | 異動]

任意のキーワードで検索

my株で決算速報分析を見る>

			2024/02			
月	火	水	木	金	土	日
			1 (142)	2 (53)	3	4
5 (41)	6 (25)	7 (18)	8 (24)	9 (29)	10	11
12	13	14	15	16		

			2024/03			
月	火	水	木	金	土	日
				1 (148)	2	3
4 (52)	5 (38)	6 (17)	7 (4)	8	9	10
11	12	13	14	15	16	17

株マップ.com（https://jp.kabumap.com/servlets/kabumap/Action?SRC=tdNet/base&catg=09）では直近1カ月の間で自社株買いをした銘柄を調べることができる。

基本
lecture
196

大衆の好奇心を煽る
情報源をチェックする

⚠ リスク大

テレビやYouTubeで
一般受けする銘柄を予測

株価は企業の商品に対して、人々が好奇心を抱くと上昇する。2020年以降、コロナ禍のため、家で過ごす「巣ごもり」需要が高まった。

そうしたなか、スクウェア・エニックス（9684）は2023年6月に人気ゲーム「ファイナルファンタジー」の発売を発表。発売直前から株価が上昇し、販売日に同年で最高値となった。「巣ごもり」需要に加え、従来より人気タイトルであり、同社の売上を左右する商品として、一般投資家の間での知名度が高いことが理由に挙げられる。老若男女に広く知られている企業は伸びるため、テレビやSNSなどのメディアにアンテナを張っておこう。

ただし、こういったメディアによって株価が変動する銘柄は、上昇が一過性の場合が多い。株価は最終的には業績に集積するため、ほどほどで手仕舞いするとよいだろう。

注目されると一過性の上昇を見せる

[スクウェア・エニックス（9684）　日足　2023年6月〜11月]

約1カ月間上昇が継続（ピーク時の株価は7561円）。
上昇中に手仕舞いしておく

2023年8月以降、下落が継続

日本国内の押さえておくべき
重要指標は3つ

伊藤亮太

経済規模、景気動向と物価の3つに注目

国内における経済指標は数多くあるが、最低限押さえておくべき指標は3つある。

ひとつ目が、日本の経済規模を示すGDP（国内総生産）だ。四半期、年（年度）単位などで公表されるが、継続して増加傾向にあるかどうかを確認していく必要がある。2つ目が、景気動向指数である。景気動向指数には「先行指数」「一致指数」

「遅行指数」の3種類があるが、特に注目したいのが先行指数だ。先行指数は先行き6カ月程度の状況を示すものであり、先行指数が上向いていれば先行きは明るい兆しが見えると捉えられる。

3つ目が、物価指数だ。私たちの生活に直結し、金融政策にも影響を及ぼす消費者物価指数に注目しよう。確認すべきポイントは、前年や前月と比べて物価が上昇傾向にあるのか、そうではないのかだ。

注目すべき3つの日本の経済指標

GDP（国内総生産）	・日本の経済規模を示す指標 ・前期に比べて上昇していれば景気が上向いている ・毎年2、5、8、11月に発表される
景気動向指数の先行指数	・複数の景気指標をもとに景気の動向を算出する指標 ・先行指標が上昇していれば今後景気が上向く可能性がある ・毎月上旬に発表される
消費者物価指数	・モノやサービスの価格動向を示す指標 ・急激な増加は家計を圧迫し景気を低迷させる可能性がある ・毎月第3金曜日に発表される

米国雇用統計で アメリカの景気を探る

伊藤亮太

世界でも注目され 株価への影響が大きい

米国雇用統計は、世界で最も注目される統計指標である。なかでも、「非農業部門雇用者数」と「失業率」に注目が集まる。

非農業部門雇用者数は、農業部門以外の雇用者の増加・減少を示すものであり、増加傾向にあれば景気は上向きと想定できる。失業率は、労働力人口に対する完全失業者の割合で示される。

この2つの指標は、特に事前の予想とどの程度差があるかに注目される。仮に予想よりもよい数字となれば、米国株価上昇、ドル高円安といった状況が生まれる。アメリカ経済が順調であれば、結果、世界経済にもプラスの影響として反映されることになるため、日本株なども上昇するひとつの理由になりえる。

毎月第一金曜日前後に発表され、短期売買の投資家ほど大きな影響を受ける指標となる。

アメリカの非農業部門雇用者数と失業率の推移

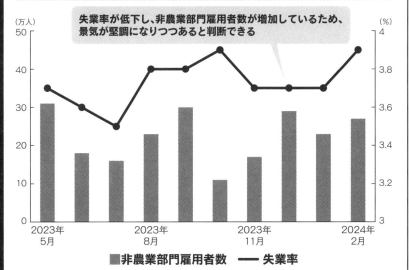

失業率が低下し、非農業部門雇用者数が増加しているため、景気が堅調になりつつあると判断できる

■ 非農業部門雇用者数　— 失業率

出所：米国雇用統計

先物の動きで
株価の流れが読める

▌東証より先に始まる
▌先物相場の動きをチェック

日経225先物の取引時間（大阪取引所・日中セッション）は8時45分からスタートする。

15分ではあるが東証のザラ場よりも早く始まるため、その日の地合いや値動きの方向性を見る上で参考になる。

また、当日の朝5時30分に閉まるナイトセッションの終値も併せて確認しておくとよい。

さらに、先物が大きく動くなど日経平均株価との差が開いている場合は、その理由や背景を調べることも大切。

基本的に日経平均株価などの指数は、先物との価格差を埋める動きをするため、日経225先物が大きく値上がりした場合は日経平均株価に寄与度が高い銘柄を取引するなどして対応しよう。

取引開始時間の違い

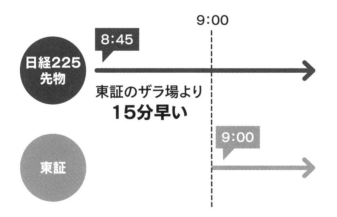

先物が大きく動くようであれば、その日の
値動きの方向性がわかる

日経225先物　▶　日経225先物は、日経平均株価指数を対象にした先物取引。また、日経225先物は、取引規模により、少ない費用で取引できるようにしたミニとマイクロがある

株価に影響を与える メジャーSQ・マイナーSQ

伊藤亮太

大口の注文が動き 株価が変動しやすい

SQとは、日本語で特別清算指数と呼ばれるもの。日経225先物やTOPIX先物といった株価指数先物取引を、最終的な決済期日において決済するための清算価格を示す。

値段（SQ値：清算価格）が決まる日のことをSQ日といい、日経225先物だと毎月第2金曜日がSQ日と決められている。このうち、3月・6月・9月・12月の第2金曜日がメジャーSQ、それ以外の月の第2金曜日がマイナーSQと呼ばれる。

取引の最終期日であるSQ日までに反対売買で決済されなかった建玉は、SQ日にSQ値で強制的に決済される。そのため、大口の売りや買いが出ることで株価に大きな影響を与える可能性がある。SQ日は寄付前に売買注文が膨らみ、気配値が大きく上下することがあるが9時には正常な気配値へと戻る。

2024年のSQ日の予定

日本	アメリカ
5月10日	5月17日
6月14日	**6月21日**
7月12日	7月19日
8月9日	8月16日
9月13日	**9月20日**
10月11日	10月18日
11月8日	11月15日
12月13日	**12月20日**

アメリカ(NYダウ先物)のSQ日は、毎月第3金曜日の翌営業日

SQ日(特にメジャーSQ日)には株価が乱高下しやすい

▼

事前にポジションを手仕舞うなどの対策を取るとよい

※太字はメジャーSQ日

SQ ▶ 特別清算指数。SQ日（先物取引などの満期日）までに決済されていない建玉は、強制的に決裁される。先物とオプション取引の決済が重なるSQをメジャーSQという

応用
technique
201

重要指標の発表前は
買いが入りづらい

値動きが不安定になりやすい
タイミングは様子見

イベント前や重要指標の発表日前は様子見する人や手仕舞い売りが増えやすい。

イベントとは、米大統領選挙などがわかりやすいが、大型連休、法案の提出や通過も市場に影響する。また、個別銘柄は四半期ごとの決算前に株価が不安定になりやすい。イベントの結果次第では大きな下落に巻き込まれることもあるため、様子見

をするか、信用を使う場合は、ポジションを減らす、新規ポジションを取らない、空売りポジション・インバースETF・先物で売りポジションをつくるなどで買いポジションのリスクヘッジをしておきたい。

定期的なイベントとしては、毎月の米国雇用統計（第1金曜日）とマイナーSQ（第2金曜日）、FOMCの声明発表、のメジャーSQ（3、6、9、12月の第2金曜日）がある。

覚えておきたい経済指標・イベント

イベント名	開催日
米国雇用統計発表	毎月第1金曜日
FOMC声明発表	年8回
日銀金融政策発表	年8回
マイナーSQ	第2金曜日
メジャーSQ	3、6、9、12月の第2金曜日
国内総生産（日本）	年4回
日銀短観	年4回（4、7、10月の月初、12月中旬）
景気動向指数	毎月
米国内総生産	年4回
中国PMI（製造業購買担当者景気指数）	毎月上旬
ユーロ圏失業率	毎月上旬

国内総生産は二次速報より一次速報を重視

米国内総生産は速報値・改定値・確報値のうち速報値を重視

インバースETF ▶ TOPIXや日経平均株価などの原指標の変動率に一定の負の倍数を乗じて算出される「インバース型指標」に連動するETF

応用 technique 202

経済指標は名目値と実質値
どちらを見るべき？

伊藤亮太

今後の日本では
実質値での確認がよい

GDPには、名目値と実質値という2つの種類がある。どちらを重視するべきかは、「何と比較するか」により異なる。例えば、単純に推移を確認したい場合には名目値を見ればよい。名目値は実際に相場で取引されている価格にもとづいて計算・推計された値が該当する。

一方、物価の上昇・下落分を除いた、数量的な規模を示す値が実質値

である。国際比較や過去との比較を行う場合や物価の変動が激しい場合には、実質値を確認すべきである。

これまで、日本ではデフレに伴い名目値よりも実質値が高くなる傾向があった。今後はインフレに伴い、名目値が高く実質値が低くなる可能性がある（例えば、物価が上がっても賃金が上がらなければ実質賃金は下落する）。そのため、物価変動分を取り除く実質値で確認するほうが実情を把握できる可能性が高い。

名目値と実質値の違いの例

物価が
50%上昇

100円
（10年前）

150円
（現在）

名目値 物価の変動を考慮しないため、物価が上がれば名目値が上昇する

実質値 物価が上昇しても実際の取引量が増えないと数値は増加しない

➡インフレの場合、実質値での確認で実情を把握できる

日銀金融政策決定会合でわかる 株価動向

発表時間によって 今後の動きに影響

大きな株価の流れを把握したいときに覚えておきたいテクニック。

多くの銘柄に影響を与える日銀の政策発表。発表される時間は決まっていないが、基本的には日中の正午前後に行われることが多い。

だが、政策金利が現状維持の場合は失望売りへの懸念からか、後場が始まる前後の発表が多い。

過去に一度だけ13時に発表され

たことがあり、そのときは相場が大きく荒れた。

また、瞬間的に600円ほど上昇したマイナス金利発表が12時50分であったように、相場に大きなインパクトを与える可能性が高い発表がある場合は、後場の開始前後のケースが多い。

リアルタイムで発表を見る方法

日本経済新聞サイト内のnikkei live(https://www.nikkei.com/live)。イベントを探すで「日銀」を検索すると次回の解説予告と過去の動画をみることができる。

マイナス金利 ▶ 民間の金融機関が中央銀行（日銀）にお金を預けた際、預金金利を徴収される制度。民間の金融機関が、資金を融資や投資に回すことを促すことが目的

基本 lecture 204

FOMC・ECBの政策金利
発表翌日の値動きをチェックする

特に銀行は影響を
受けやすいので注意が必要

FOMCやECB（欧州の中央銀行）など、欧米の中央銀行の政策金利決定は日本にも大きな影響がある。

というのも、日本市場における海外の機関投資家の比率は6割以上を占めており、彼らの在籍地のほとんどが欧米である。

したがって、欧米の機関投資家である銀行などが資金を借りる際には、FOMCやECBの政策金利に左右されることになる。

結果、日本市場に多大な影響を与えることになるため、FOMCやECBが政策金利の変更を示唆、または発表した日は、銀行株の値動きに注目してみるとよい。今後の世界市場の動向を反映している可能性が高いので注意しておこう。

FOMC翌日の銀行株の値動き

［おきなわファイナンシャルグループ（7350）　日足　2023年12月〜2024年2月］

翌日から下落

FOMCまで価格は高騰していた

FOMC開催

| FOMC | ▶ | アメリカの金融政策のひとつで公開市場操作の方針を決定する委員会。今後のアメリカの金融政策が予想できる。年8回開催 |

IMFから世界経済の見通しを確認する

伊藤亮太

IMFのサイトをもとに運用対象国を見直す

今後、世界においてどのような国が伸びるのか？ この国は伸びると信じ、そのまま何も考えず継続して積立て投資を行う。

一見よさそうにも見えるが、将来のことは誰もわからない。以前もてはやされたBRICsがその典型的な失敗例といえるかもしれない。むしろ、アメリカや日本株を買っていたほうが収益率は高まったことは誰しも知っていることである。

それでは、どのように伸びしろを判断していけばよいか？ そのひとつとして、IMF（国際通貨基金）が発表する「IMF世界経済の見通し」を確認することをおすすめする。

IMFは定期的に世界経済の見通しを公表している。また、各国・各地域の成長率の予想も公表している。成長率が安定しているまたは、右肩上がりに上昇している地域を投資対象国として選択するとよいだろう。

IMFのホームページで成長率など世界経済の見通しを確認

（実質GDP、年間の変化率、%）	推計	予測	
	2023	2024	2025
世界GDP	3.1	3.1	3.2
先進国・地域	1.6	1.5	1.8
米国	2.5	2.1	1.7
ユーロ圏	0.5	0.9	1.7
ドイツ	-0.3	0.5	1.6
フランス	0.8	1.0	1.7
イタリア	0.7	0.7	1.1
スペイン	2.4	1.5	2.1

IMF（国際通貨基金）のホームページ（https://www.imf.org/ja/Home）ではIMF世界経済見通しを確認できる。また、ホーム画面の出版物の欄から各資料にアクセスでき、世界経済の成長率予測なども見ることができる。

BRICs ▶ ブラジル、ロシア、インド、中国、南アフリカの総称。豊富な労働力と巨大な市場を基盤として、経済発展を続けている

応用 technique 206

これから伸びそうな国・地域を探す

伊藤亮太

人口が多い国の経済成長に期待

株式や投資信託で投資を行う場合、中長期的に見て伸びしろのある国や地域、企業に投資を行う必要がある。それでは、これから伸びる国・地域は一体どこなのか？

PwC発表のレポート「How will the globaleconomic order change by 2050 ?」によると、2030年にはGDP 1位は中国、2位がアメリカ、3位がインド、4位が日本、5位がドイツ、2050年にはGDP 1位は中国、2位がアメリカ、3位がインド、4位がインドネシア、5位が日本と予測されている。単純に考えると、インド、インドネシアが経済大国として一気にのし上がってくると想定されている。人口が多く、若い国は伸びしろがあろう。必ずしもこうなるとは断定できないが、10年単位で見た場合に、インド、インドネシアは伸びる可能性が高いといえるだろう。

PwCのホームページから成長しそうな国・地域を探す

PwCホームページでは、世界経済についての長期的な予測が示されている（https://www.pwc.com/gx/en/research-insights/economy/the-world-in-2050.html）。

PwC ▶ ロンドンを拠点として、世界157の国で関連会社を展開しているコンサルティングファームのこと

基本 lecture 207 情報収集のために使えるサイト

三井智映子

相場・個別銘柄ごとに使えるサイト

足元のファンダメンタルズについて知るためにはBloomberg、ロイター、Investing.com、日本経済新聞は王道だと考える。チャートツールのひとつであるTreading Viewでは、株価指数、為替、ビットコインといった相場の値動きを一度にチェックできる。前日のアメリカ相場を見える化してくれるFinvizや、FOMCの利上げの確率を予想するCME FedWatch Toolも活用できよう。

個別銘柄を調べる際は「会社の事業や強み、強みが最新の業績数値に反映されているか、今期予想、中期的な成長シナリオと株主還元への考え方」などを知る必要がある。そこで、Yahoo！ファイナンス、みんかぶなどの株式情報などが役立つ。また、"推せる"アナリストを探して情報を受け取ることも相場観を養うことや手法の確立につながる。

多数のサイトを活用して情報を集める

相場全体の動きを知る

ニュースサイト
- Bloomberg
- ロイター
- Investing.com
- 日本経済新聞

チャートツール・その他
- Trading View
- Finviz
- CME FedWatch Tool

個別銘柄の動きを知る

投資情報サイト
- Yahoo！ファイナンス
- 会社四季報オンライン
- みんかぶ
- MONEY PLUS
- 株マップ.com
- フィスコ（アプリ）
- トレーダーズ・ウェブ
- モーニングスター
- アセットアライブ 株式情報

税金

NISA口座以外の口座で得た利益には税金がかかるが
実は税額を減らし手元の利益を残す方法がある。
こうした節税ワザは、口座の種類やその人の所得によって異なる。
ここでは、まず押さえるべき節税ワザを9つに絞って解説。

所得税率が高い人は配当金を「申告不要」にするとよい

最大55%の税率を約20%に抑える！

配当金は、特定口座の場合、支払い時に源泉徴収されるので、確定申告をしない「申告不要」を選ぶことができる。このテクニックを使って最もお得なのは「所得税率が高い人」。所得税率は累進課税方式を採用しており、所得が一定数を超えるごとに税率が引き上げられていく。例えば、所得が4000万円を超えると超えた分に対して税率は55%（所得税45%＋住民税10%）である。なお、所得税率は45%が最大だ。

こうした所得税率の高い人が、「申告不要」を選択すれば、所得税率が高くても配当にかかる税率を一律20.315%にすることができ、税金の節約につながる。配当金を多く残しておきたい人は活用したいテクニックだ。

ただし、「申告不要」を選択した場合は「配当控除」を受けられないというデメリットがある。

「申告不要」で税率がお得になる

「申告不要」を選択しない場合

配当にかかる税率は最高で **55%**（所得税＋住民税）

「申告不要」を選択した場合

配当にかかる税率は一律 **20.315%**

メリット
所得税率が20.315%より高い人であれば、申告不要を選択することで税率が低くなる

デメリット
配当控除（配当金を受け取ったときに得られる控除）が適用されなくなる

知っておきたい！
住民税は一律10%。所得税は330万円超694万9000円の範囲から20%になるので実質30%になる。配当金で判断するラインはココ

所得税率 ▶ 日本の超過累進課税制度は7段階（5〜45%）に分かれている。超過とは金額が一定額を超えた場合、それぞれの金額に適用する税率をかけて控除額を差し引く制度

基本
lecture
209

⚠ NISA対応外

確定申告で「総合課税」を選択するとよい人

■ 所得が330万円以下の人に有効！

給料や配当を含めた課税所得が330万円以下の人（所得税率10％）や、夫の配偶者控除などの適用を受けている人で、譲渡益や配当以外に所得がなく、株の利益や配当所得などの合計が38万円以下の人（専業主婦など）は、確定申告を行い「総合課税」を選択しよう。

総合課税とは、ほかの所得と合算し、税金を算出する制度。上場株式などの配当などにかかる税金は「累進税率」で計算されるので、「申告不要」よりも税率が低くなる。

また、総合課税では「配当控除」を利用できる。国内株式では、通常、法人税がかけられた後の利益から株主へと配当が渡される。ここに所得税がかかると二重課税になってしまう。配当控除は、この二重課税を解消できる制度だ。

基本
lecture
210

米国株もNISAを利用して購入できるが海外の税金がかかる

■ NISAの利用は節税効果が高い

米国株を売買する際の注意点は2つ。まずは為替のリスクだ。例えば米国株を売る際に円高が進んでいると、獲得できる日本円が少なくなる。株価の値動きだけでなく為替の動きも考慮する必要がある。

そしてもうひとつ注意が必要なのは税金のしくみで、米国株の配当や売却益は、税金として海外の源泉税が足された30.315％が引かれる。

ただし、NISAを利用すれば、そのうち20.315％が引かれなくなる。その分手取りが増えるため、米国株の売買でもNISAの利用を検討したい。

なお、NISAを使用する場合、外国税額控除は適用できない。一方NISAを使用しない場合は外国税額控除が使えるが、節税効果はNISAに比べると低い。

控除 ▶ 税金を納める際、一定額を差し引いて税負担を軽減させる処置。所得から差し引く基礎控除以外に配偶者控除、配当控除などがある

基本 lecture 211

⚠ NISA対応外

売却損がある人は「申告分離課税」を選択する

累進課税の総合課税に対して申告分離課税は税率が一定

証券口座開設の際に「特定口座」を開設し、「源泉徴収アリ」を選択していなかった場合でも、課税所得が330万円超で所得税率が20％以上の人は、確定申告を行い「申告分離課税」を選択しよう。株式の配当とそのほかの所得を分離して納税できるので、配当にかかる税率は20.315％となり、「総合課税」よりも税率を低くすることができる。

また、「申告分離課税」では、配当所得と上場株式等の譲渡損失との損益通算ができるため、天引きされた税金を取り戻すことができる。

申告分離課税で損益通算

配当金があり、株やETFで売却損がある人は確定申告で「申告分離課税」を選択

↓

配当金と、売却損を損益通算して天引きされた税金の還付が可能に

基本 lecture 212

⚠ NISA対応外

利益が20万円以下であれば口座は源泉ナシを選択

納税が必要かは「利益20万円」が目安

サラリーマンなどで、ひとつの企業からの給与所得が2000万円以下、かつ副業などによる収入がなく、株や投信の譲渡所得の合計が20万円以下になりそうな人は、「特定口座」で源泉徴収をしない「簡易申告口座」を選択しよう。

これは、特定口座で源泉徴収アリを選択した場合、20万円以下の譲渡所得でも税金が源泉徴収されてしまうが、本来は利益が20万円以下なので、税金を払う必要がない。

このテクニックを使えば、確定申告も不要で、税金を最大約4万円節税できる。

特定口座 ▶ 証券会社が株取引のために用意した口座。証券会社が年間取引書作成や納税などを代理で行ってくれる

基本 lecture 213
NISA対応外

特定口座で源泉アリでも確定申告はできる

確定申告を行って繰越控除を受けられる

「特定口座」で「源泉徴収アリ」を選択し、「申告不要」となっている人でも、確定申告を行うことができる。

上場株式等の譲渡損の繰越控除を行いたい人は、「源泉徴収アリ」を選択していても、3年間連続で繰越控除確定申告を忘れずに行うことが大切だ。

なお、「特定口座」の「源泉徴収アリ」で繰越控除の申告は忘れていたが、確定申告自体は行っていると「申告不要」を選択したことになるため、「更正の請求」はできなくなってしまう。

基本 lecture 214
時事 NISA対応外

譲渡損は最大3年間繰り越すことができる

損益通算しきれなくても心配なし!

確定申告で「損失の繰越控除」を行うことで、その年の損益通算で控除しきれない損をさらに控除することができる。

これは毎年確定申告を行う必要があるが、過去3年間の確定申告において損があった場合、損の金額分を控除としてまわせる制度だ。

累計	2023年	2024年	2025年	2026年
年間譲渡損益	−500万円	+100万円	+100万円	+400万円
前年からの繰越譲渡損失額	−	−500万円	−400万円	−300万円
繰越控除（確定申告）	−	−400万円	−300万円	+100万円課税対象
納税額	0円	0円	0円	約232万円

繰越控除を使う際は、ほかの所得と分けて計算できる「申告分離課税」を選択。

還付申告は5年前まで遡ることが可能

後からでも還付を受けられる可能性がある

これは、上場株式等の譲渡損の3年間繰越控除を行いたいが、途中で確定申告を失念してしまっていた人に、特に有効なテクニックだ。

現行の制度では、上場株式等の譲渡損益や、事業所得や不動産所得などほかの所得について、確定申告をする義務がなく、行っていなかった場合、申告期限後5年間は、遡って期限後申告ができる。

ただし、本来確定申告を行うべき時期に確定申告書を提出したかどうか、またその譲渡損失の生じた上場株式の口座が特定口座の源泉徴収アリであったかどうかなどによって、期限後申告が可能かどうかが異なるため、条件にあてはまるかをしっかり確認してみよう。

株式にかかる贈与税は最も低い評価額で確認

贈与税や相続税の節税になる

株式を贈与や相続によって控除以上の額を取得すると、課税対象となるため、税金を支払わなければならない。

課税対象となるのは、その株式が上場している金融商品取引所が公表する課税時期(贈与の場合は贈与により財産を取得した日、相続または遺贈の場合は被相続人の死亡の日)の最終価格となる。

しかし、課税時期の最終価格が、ある一定期間の平均価格(下記①～③)よりも高い場合、最も低い平均価格を評価額とすることができる。

評価額にできる平均価格

①課税時期月の平均価格
②課税時期月の前月の平均価格
③課税時期月の前々月の平均価格

アノマリー

曾日や年間を通したアノマリーを時系列順に整理。
また、経済ショックが起きた際の相場の特徴などいざというときに
知っておきたいアノマリーを網羅。

まだはもうなり
もうはまだなり

根拠のない判断は
負けのもと

このテクニックは、株価が天井付近、底値付近での値動きを示し、投資家としてとるべき行動を決めるうえで参考になるもの。

「そろそろ底値」「そろそろ天井」だと思ったところが、実は相場のスタートということもある。つまり、「そろそろ底値」だと思って売った後に大きく株価が下がるケースがあるということだ。

なぜなら、そのような抵抗のゾーンを越えるほど勢いが強いということであり、新たな相場になる局面がある。そのため、安易に、そろそろ底値だろうという気持ちで買ってはいけない。底や天井の確認は、情報に抜けはないか慎重に行うべきだ。

週のなかで空売りに
向いているのは月曜日

月曜日は株価が
下落しやすい曜日

取引される週のなかで株価が下がるのが月曜日といわれる。つまり、買うのは月曜日の終値、売るのは金曜の始値が有効だ。また、金曜に空売りして月曜の下落後に買い戻す戦略をとることもできる。表では月曜日はその他の曜日と比較しても顕著に差が出ていることから、売りでの取引に適しているといえる。

空売りに向いた曜日[1]

曜日	勝率	平均損益
月曜日	54.44%	244円
火曜日	51.76%	9円
水曜日	52.19%	45円
木曜日	52.24%	21円
金曜日	51.91%	34円

出所:2017年刊『株暴騰の法則』(スタンダーズ)

**月曜日が勝率、
平均損益共に高い**

基本 lecture 219

週のなかで買いに向いているのは火曜日

■ 短期のトレードを行う人は要注目

曜日アノマリーのひとつ。損益の推移を辿ると、1990年〜1996年まではマイナスだが、以降上昇を続けており、上昇しやすい傾向にある。株価が上がりやすいのは火曜日だが、どの曜日も勝率は5割を切っている。平均損益も高くないので、短期でのデイトレーダーの買いには向いていない。

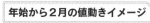

買いに向いた曜日検証[2]

曜日	勝率	平均損益
月曜日	45.57%	−248円
火曜日	48.24%	−15円
水曜日	47.81%	−51円
木曜日	47.77%	−25円
金曜日	48.10%	−39円

出所：2017年刊『株暴騰の法則』（スタンダーズ）

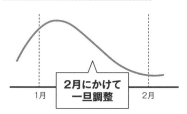

火曜日が比較的平均損益が低い

基本 lecture 220

1月月初は株価が上がり2月に向けて下がる

■ 1月中盤は値下がりの傾向あり

値動きを見ると、12月末から1月月初までは懸念材料が少なくなるため上昇傾向だが、1月中盤にはその反動でいったん下げる傾向がある。

そのため、1月中盤以降はポジションを小さくするなど対応できるようにしておこう。

📅 時事

年始から2月の値動きイメージ

2月にかけて一旦調整

1月　　　　2月

※2　1990年3月1日〜2017年5月31日までの日経平均株価の225銘柄を対象に「各曜日の寄付に購入、購入日の大引けに売却」という条件で取引した勝率

春節・国慶節前の株価変動に要注意

時事

中国系資金の抜けで相場が変動

中国の春節や国慶節などの大型連休前は、中国国内の機関投資家などがポジション調整を行うために売りが出やすい傾向にある。

春節は中国の旧正月のことで、1月後半〜2月前半ごろが該当する。国慶節は中国の祝日のことで、毎年10月10日。

これらの中国の祝祭日は中国系の資金が抜けるため相場が変動することが多く、ポジションを小さくしたり先物でヘッジをかけたりするなどして備えておく必要がある。

また、個別銘柄に限っていえば、休暇で日本に旅行する中国人が増加しやすく、消費も増えることから「春節銘柄」といえるような銘柄も存在する。

春節が日本株に影響を与える例

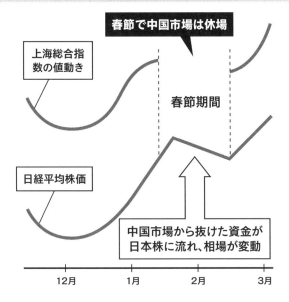

春節で中国市場は休場

上海総合指数の値動き

春節期間

日経平均株価

中国市場から抜けた資金が日本株に流れ、相場が変動

12月　　1月　　2月　　3月

基本
lecture
222

45日ルールは
5月と11月に特に影響が出る

■ インバースETFなどを
ヘッジとして対応

　毎年11月に話題に上がる「ヘッジファンドの45日ルール」。ヘッジファンドの出資者はほとんどが大口で、資金を効率的に運用するため、解約のタイミングが3カ月に1回（3月、6月、9月、12月）、もしくは半年に1回（6月、12月）に限られている。そのため、解約を行うには解約日の45日前に通知をし

なければならず、2月、5月、8月、11月の15日ころにファンド側のポジション手仕舞いによる値動きが起きやすい。特に、11月はヘッジファンドの解約が12月に集中することから値下がりしやすい月。また、5月も大きく下落する傾向がある。日経平均ダブルインバースや先物などでヘッジするとよい。

　大きな資金が動くので、起因するアノマリーをチェックしよう。

基本
lecture
223

長期投資では7〜9月が
仕込みのチャンス

時事

■ お盆の売りが出た後の
タイミングに注目！

　中長期で株を買うなら夏の時期が安く買えて効果的。

　投資格言に「株は秋に買って春に売れ」というものがある。これは、大体3月末決算が出揃う5月中旬ごろが株価の天井になり、それから閑散相場が続き、年末に向かって動く秋ごろに買い始めろ、という1年を通じた売買タイミングのこと。

　一方、最近は秋に買えば儲かるという格言が有名になり、購入時期が前倒しになってきている。最近の傾向ではお盆の売りが出た後の8月下旬から9月上旬である。

　1年のスパンで投資を検討するのであれば、7〜9月の下がったタイミングで仕込んで、3〜4月の高くなったところで利確することで、より効率よく利益を得ることができるだろう。

IPOは12月が多い

IPOの当選確率を高めるなら 12月まで資金を貯める

年間を通じ、効率的にIPOで儲けたい投資家が知っておきたいテクニック。

1年のうち、企業の決算スケジュールの都合によって、12月はIPOの件数が最も多くなる傾向がある。そこで、12月に向けて資金を用意しておくと機動的に動けるだろう。

当選の確率を高めるために複数の口座を開設しておくことが基本戦略となるが、特にIPOが起きやすい12月は注目だ。上場する銘柄の主幹事・幹事を多く務める証券会社の口座開設は必須である。

一方、一定期間にIPOが集中すると弊害も生まれることがある。上場する企業が多ければ多いほどIPOに回る資金が分散されるため、初値がそれほど高くない場合もあるのだ。

12月は月初の下げで買って 月末の上げを待つ

時事

「12月は株安」は厳密には 「12月月初が株安」

12月にはメジャーSQ（テクニック200参照）があり、さらに機関投資家がクリスマス休暇前に組んでいたポジションを清算する動きが強まる傾向がある。そのため、「12月は株安」になりやすい。

しかし、厳密にいうと、株安になるのは12月初旬だ。

12月中旬から1月にかけては買いが戻り上昇しやすくなるだけでなく、政治経済などのイベントも落ち着き悪材料が出にくいためだと予想される。

このことから、11月中に保有している銘柄があれば、月末までにポジションを解消、もしくは小さくしておき、12月の月初の下げを待って新規で買い、翌年1月上旬まで持ち越すプランを組むことができる。

基本 lecture 226

12月に向けて 小売・ゲーム関連が上昇する

時事

クリスマスに向けて 業績が上がりやすい

アメリカでは毎年11月第4木曜日にある感謝祭翌日の金曜日は「ブラックフライデー」と呼ばれており、小売店では1年間で最も売上高の多い1日である。

また、ブラックフライデーからクリスマスにかけては「クリスマス商戦期間」と位置づけられており、期間中は日本の比でないほど消費が盛んになる。

小売各社はかなり力を入れて販売を伸ばし、特に小売や子ども用のゲーム関連企業が上昇する。

そのため、米国株はおおむね堅調になりやすい傾向があり、日本でもブラックフライデーに向けて堅調になりやすく、関連企業が上昇する傾向にある。

基本 lecture 227

時価総額の小さな銘柄が 大きな成果を上げる小型株効果

リスク大

小型株は注目されると 一気に株価が上がりやすい

意外と知られていないが、時価総額の比較的小さな銘柄が、時価総額の大きな銘柄のパフォーマンスを上回る現象を、小型株効果という。

この効果を裏付ける明確な理論はないが、大型株の場合、何かと注目が集まってしまうため、割安で放置されることはあまりない。

一方の小型株は、普段、相場での注目度は低く、割安な状態である可能性が高いと認識されてはいる。しかし、それだけになにかあった際の利益の伸びしろは期待できるからと考えられている。

ただし、小型株は一度注目されると株価が大きくなるだけに、急激に下落することがある。

大きく変動するということは、その分リスクも高いため、実際に投資する際は注意が必要だ。

基本 lecture 228 前例がない出来事が起きると予想外に大きく動く

過去の暴落や急騰を参考にする

株式相場は基本的に相場心理として「前例主義」で動くため、大きな値動きがあったとき、個別株であれば似たような業種や業態で大きく動いた銘柄を参考にして価格が変動することが多い。つまり、似たような前例がある銘柄は極端な値動きになりづらいが、逆に考えるとそうした前例がないケースではかなり深いところまで株価が動きやすいということでもある。

コロナショックも過去のスペイン風邪という前例はあるものの、約100年前の事例ということで状況が異なる点もあり、相場にはインパクトを伴って認識された。

近年でも、メタバースやNFTなどの大きなテーマを始め、大きな銘柄で前例がない場合は、株価が大きく動くことが多い。

基本 lecture 229 寄付天井で買うと赤字になる

寄付での株価上昇が続くとは限らない

相場では「寄付天井・引け安値」という言葉がある。値上がりを期待して寄付で飛びついてみても、実はそこが天井というケースだ。その後は徐々に値下がりしていき、結果的に引けが安値となることがある。

寄付では株価が値上がりする傾向があるものの、相場やサプライズ次第では利益確定や売りの圧力が高まることがある。

寄付天井のイメージ

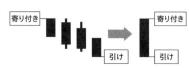

短い時間軸では徐々に下がっていく

日足ではヒゲのない「(陰の)丸坊主」

NFT ▶ データ管理にブロックチェーンの技術を用い、作成者や所有権を証明することのできるデジタル資産のこと

急な下落を表す格言
「上げは1年 下げ3日」

ようこりん

悪いニュースを聞いたら
すぐに手仕舞い

株価の上昇には年単位の時間がかかるが、下落は時間をかけず、3日ほどで急落することが多い。こうした、上昇より下落のほうが急な状態を「上げは1年 下げ3日」と呼んでいる。下図は三井住友フィナンシャルグループ（8316）のチャートだ。順調に上昇していたが、3月10日から突然下落が始まり、下落3日目にはBBの－3σに触れるほ

どにまで落ち込んだ。

2023年3月8日以降、アメリカで3つの銀行が倒産し、その影響で日本の銀行株も急落したのだ。長期で保有している人は問題ないが、直近2～3カ月前に買った人はすぐに手仕舞いをする勇気が必要だ。また、銀行の倒産といった大きなニュースは下落が継続する恐れがあるため、押し目だと考えて飛びつかず、3日～1週間ほど様子を見てから買うほうがよい。

3日で株価が急落したケース

[三井住友フィナンシャルグループ(8316)　日足　2022年9月～2023年3月]

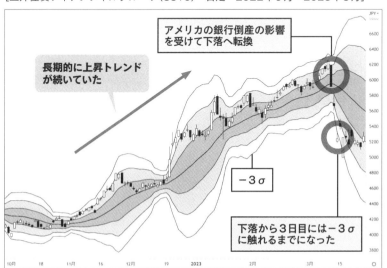

和島さんの 高配当株投資

おすすめの 背景とは？

保有していれば 配当利回りが 高くなる

✔ **株主還元の方向にある**

還元のひとつとして増配する企業が多い

✔ **企業の業績が上がっている**

デフレ脱却で日本企業の業績が好調である

✔ **資産効率の低い企業が多い**

東証がPBR１倍割れ企業に改善要請

高配当株投資をしやすい環境になった

５年ほど前までは、配当が高い企業は、来期も同様の配当を出せるか見通しがつきづらいところがあった。しかし、近年は株主還元の傾向が進み、業績も上昇傾向にあるため、高配当株投資が行いやすい環境が整ったといえるだろう。

連続増配の点では、花王が2023年12月期の決算短信で35期連続の増配を発表しているが、それには遠く及ばないものの、ここ数年増配を続けている企業も増えている。

例えば三菱UFJフィナンシャル・グループが３期連続で増配し、１株あたり配当を前年期の９円増となる41円にまで増やした。

PBR1倍割れ企業は
高配当になる傾向にある

東証のPBR1倍割れへの改善要請は影響大

一般にPBR（株価純資産倍率）は1倍以下（1倍割れ）の企業は株価が割安、1倍以上の企業は割高と見られ、もとよりPBR1倍以下の企業は投資のチャンスと言われている。

加えて、PBR1倍割の企業に対して、東京証券取引所（東証）が、2023年に改善要請を出している。上場企業の企業価値を高め、投資をしてもらうことを目的としたものだ。上場

企業としては、成長投資や株主還元策など企業価値の改善に取り組む必要がある。要するに、PBRが1倍割れの企業は、自社株買いなどをして株価を刺激してくれるし、配当を出し続けてくれるわけだ。

PBR1倍割れの企業は、株価が割安であり買いやすいことに加え、配当やキャピタルゲインの点でも、高配当株投資とはとても相性がよい。

PBRのしくみ

$$PBR（倍） = \frac{時価総額}{純資産}$$

PERが低いと資本収益性が低いことになる。成長性の点で課題があると言え、東証が1倍以上へ改善するよう要請した

PBRが1倍以下
・株価が純資産に比べて低い
・株価が割安

PBRが1倍以上
・株価が純資産に比べて高い
・株価が割高

PBRを高めるには

・資産が付加価値を生むように効率的な経営を行う
・株価が上がるとPBRも上がる

配当利回りが上がり
キャピタルゲインも狙える

増配するので配当利回りが上がっていく

　先述の三菱UFJフィナンシャル・グループの例で言うと、2023年3月当初の株価は930円ほどで、1株あたりの配当は32円で配当利回りは3.4%ほど。これが41円になるので、930円で買っていれば配当利回りは4.4%ほどに上がる。

　株価は2024年3月時点で1500円を超えており、1.6倍超まで上がったことになる。ここ1年は急速に株価が上がったわけだが、以降もキャピタルゲインを十分に狙える状況である。

　株価は長期的に見れば、企業の業績向上に合わせて上がっていく。

　コロナ禍が空けようとする2022年から売上高、営業利益が増加を続けており、以降2024年、2025年も増収増益が見込める企業であれば、配当のみならず、キャピタルゲインも大いに狙えるだろう。

株価が上がり、増配を続ける
[三菱UFJフィナンシャル・グループ(8306)　日足　2022 1月～2024年3月]

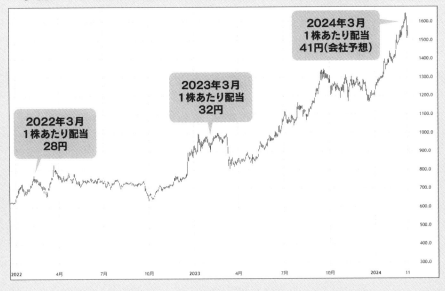

業績向上中の業界大手から
PBR１倍割れ企業を選ぶ

配当利回りランキングで選ばない

PBR１倍割れの上場企業は、米国では１割に満たず、欧州では２割ほどだ。しかし、東証が改善要請を出すことからわかるように、日本は予想以上に多い。2023年の東証の発表時点では、PBR１倍割れ企業の割合は４割以上に及び、１倍割れ企業の選択肢は多い。先述の三菱UFJフィナンシャル・グループも2023年は１を割っており、2023年12月29日は0.86であっ

た。各業界の代表的な企業でも１倍割れしているところは珍しくない。

各業界の主力企業の中で業績の向上が見込め、かつPBRが１倍割れていて、配当利回りがある程度高い銘柄を買う。この方法が、現在、高配当株投資として実践する手法としてリスクが低く、おすすめの手法だといえる。

くれぐれも配当利回りランキングなどで選ぶようなことは避けよう。

PBR１倍割れしている主な企業

銘柄名	PBR	配当利回り
三菱HCキャピタル(8593)	0.96倍	3.65%
西鉄(9031)	0.96倍	1.47%
大阪ガス(9532)	0.96倍	2.23%
ドトール・日レスHD(3087)	0.96倍	1.96%
高島屋(8223)	0.93倍	1.56%
パナソニックHD(6752)	0.92倍	2.56%
日揮HD(1963)	0.92倍	2.80%
中国電力(9504)	0.92倍	2.81%
アイシン(7259)	0.91倍	3.13%

※2024年3月13日現在

ようこりんさんの
テクニカル判断

どんな投資
をする人?

相場に応じて
スイングトレードも
行う

✓ 投資・トレードの期間

タダ株化による配当・優待を考慮した長期投資がメイン

✓ 投資・トレードのスタイル

逆張り、分散投資

✓ 売買の分析・判断方法

ファンダメンタルズ分析 (銘柄選び) とテクニカル分析 (売買判断)

安い株価で買って長期保有

5つある投資用の口座のうち、ブログなどで公開しているのは1口座のみ。この口座だけでも200銘柄保有する超分散投資を行っている。心がけているのは「買値平均を下げること」「含み益を伸ばし、含み損の銘柄を減らす」こと。

まずは業績やサービス内容から今後伸びる銘柄かをファンダメンタルズで検討する。業績が低迷していないかが一番重要。株価指標はPER 20倍以下、ROE 10倍以上などが基準だ※。かつ10年分のチャートも見て現在値が割高か割安かを確認。後は、テクニカル指標を使って割安だと考えるタイミングで買いを入れる。

※ただし、PERやROEの基準は「どの業種か」「高配当銘柄か」「業績がよいか」で変化する。PER、ROEの基本的な解説は、それぞれテクニック186、191を参照。

3つのテクニカル指標を使って割安なタイミングを見つける

割安のサインが3つ揃ったタイミングで買い

ファンダメンタルズ分析以外に、具体的な売買タイミングを探るためテクニカル指標を使っている。MACD（テクニック149参照）、RSI（テクニック155参照）、ストキャスティクス（テクニック147参照）の3つのインジケーターを使った手法だ。

まず、チャート上にこれら3つを同時に表示させる。MACDがGCを形成する、RSIの値が30を割り込む、ストキャスティクスの値が20を割り込む、この3つが重なったタイミングはテクニカルとして割安な状態であり、買いのサインになる。3つのテクニカル指標を同時に見ることでサインの信ぴょう性が高まる。

また、業績が良好であるなど、将来的な株価上昇の材料がある状態で株価が下がれば、買い値平均を下げるために買い増しを行う。

3つのサインが同時に現れたら買い

[商船三井（9104）　日足　2022年7月〜2023年3月]

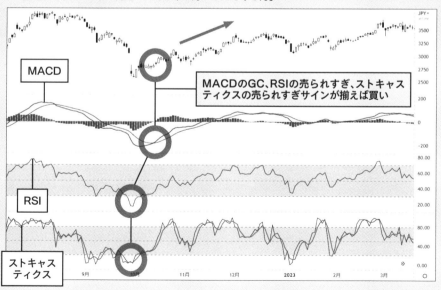

MACDのGC、RSIの売られすぎ、ストキャスティクスの売られすぎサインが揃えば買い

含み益の銘柄を増やし
タダ株をつくって売却する

値上がり・優待・配当で株をタダにする

私はよくタダ株をつくる。タダ株とは投資金額の元を取ることができた株のこと。例えば、優待・配当として100株分のタダ株が欲しいときはその10倍の株数を買う。株価が300円のとき、10単元分を買えば投資金額は30万円となる（1単元＝100株分の投資資金は3万円）。株価が10%上がって330円になれば含み益は3万円となり、100株分の投資金額と同額に

なる。つまり、株価が10%上がれば100株分のタダ株ができるのだ。

売り時として、不要な900株分を売却すれば※、手元に残った100株は完全に元が取れているため、今後株価が変動してもダメージは受けない。配当や優待がある銘柄なら、保有するだけで毎年利益が生まれる。また、900株分の売却によって生まれた利益は次の割安な銘柄の投資資金に使う。

100株分のタダ株をつくる方法

1 希望株数の10倍買う

900株

100株分の投資金額は3万円

100株

株価 300円 × 株数 1000株

投資金額 ＝30万円

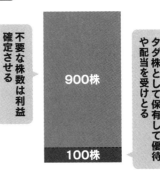

2 株価が10%値上りしたら売却

不要な株数は利益確定させる

900株

タダ株として保有して優待や配当を受けとる

100株

株価が10%上がれば100株分の投資金額（3万円）と同額の利益が出る

※さらなる株価上昇が見込める場合、残り900株のうち100株分だけ利確しておき、残りの800株はより値上りしたタイミングで売却することも可能

事前に決めていた
保有株数を超えたら損切り

買い平均を下げるために買い増しする

　223ページでも触れた通り、保有銘柄の株価が下がれば、買い値平均を下げるために買い増しする。このとき事前に保有株数の上限を決めておく。例えば、保有株数を3000株までと決め、下図のJトラスト（8508）をA地点で1000株買ったとする。その後株価が下がったため、B地点、C地点で1000株ずつ買い増しを行い、保有株数が3000株になった。その後も株価

が下がれば、D地点で1000株分（A地点で買った分）を損切りして、新たに1000株分買い増しをする。

　このように、最初に買い増しした分を損切りして新たに買い増しする。また、D地点ではBBの－3σまで下がるだろうと予測できるためそこまで買い増しを続ける。その後株価が上昇すれば、損失額を取り戻し、かつタダ株ができるポイントで利確する。

保有銘柄数を決めて損切りをする
[Jトラスト（8508）　日足　2023年2月〜4月]

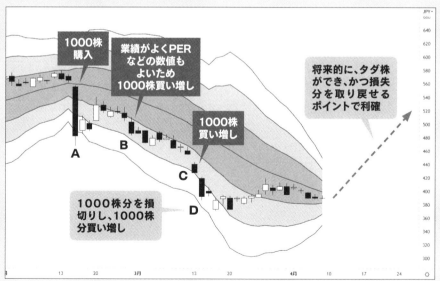

235

株式相場に影響を与える

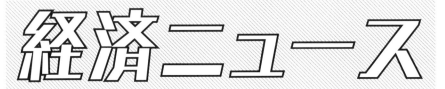

経済ニュース

株式相場を変動させ得るニュースをキャッチして、備えたうえで売買を重ねることで、相場観を養うことができる。2024年に起こる出来事、経済事象を把握し、事前に備えよう。2024年はデフレを脱却し、日本経済が新たな局面に入ろうとする年。大統領選挙が行われるアメリカの動向にも注意したい。

2024年11月

News 1
2024年11月に行われる アメリカ大統領選挙の動向

概要 2024年11月にアメリカで大統領選挙が行われる。共和党を率いるトランプ前大統領が再選すれば、アメリカのインフレが加速したり、関税引き上げなどの政策をとることが予想され、日本経済にとってはリスクが増えると考えられる。

田嶋さん

いわゆる「もしトラ」（もしかしたらトランプ）が「ほぼトラ」などと言われるようになってきた。そうなればアメリカ第一主義が考えられるが、このアメリカ第一主義はドル高、ドル安の両方がありえる。つまり、ドルが強い力を保ったままになるか、アメリカの輸出企業を儲けさせるか、である。この点、不確定要因であり、日本企業の2024年度売上目標が控えめになるひとつの理由でもある

●大統領選の株価の動き
過去10回の大統領選において、現職大統領の政党が勝利した5回すべてで、米国株（S&P500指数）は上昇。現職の大統領の政党が負けた5回の内、3回は上昇している一方、2回は下落している。日本株にも同様の傾向がみられる。

大手企業の早期退職募集
本格的な構造改革

概要 2024年1〜2月における早期退職者募集の人数が、2023年の合計を上回った。早期退職を募集した企業の多くが黒字企業であり、不調による人件費削減ではなく、構造改革により次なる成長を実現するためと推測される。

田嶋さん 日本企業の生産性の低さは、かねてから海外からも指摘されていた。DXなどへの取り組みにより、社内のさまざまな活動が効率化され、日本企業の稼ぐ力が上がってきている

●経済はすでにアフター・コロナの動き
東京商工リサーチの調べによると、早期退職の募集はコロナ禍で業績を落とした観光での募集はなく、外食は1社のみ。コロナの影響というより、アフター・コロナの動きと見られる。

News 3
世界規模の半導体ファウンドリの
TSMCが熊本で工場を始動

概要 半導体のファウンドリ（半導体デバイスを生産する工場）で世界最大手のTSMCが熊本県に進出。新工場が完成し、2月24日に開所式が行われた。第2工場は、2024年末に建設を開始し、2027年末からの運営開始を予定。

●10年間で20兆円の経済波及効果
民間のシンクタンク「九州経済調査協会」も、TSMCを含む九州の半導体産業の設備投資によって、10年間（2030年まで）の経済波及効果が約20兆円に達するという推計を公表。

News 4
新NISAが始まって さらに投資がしやすくなる

> **概要**
> 2024年1月から新NISAが始まった。新制度への移行に伴い、つみたてと個別銘柄への投資が並行して行えるなど、さらに投資がしやすくなった。特に、非課税保有期間が無期限になったため、長期保有による資産形成が可能になった。

和島さん

個別銘柄へ投資できる成長投資枠の上限が拡大し、規模は小さいながら株価の下支えにはなっている。日本は個人金融資産2043兆円のうち、15%ほどが株などの投資資産。この比率はアメリカが約5割、欧州が約3割であり、日本も少しづつ上がっていくだろう。個人金融資産のうち、比率が1%上がれば20兆円であり、株価に大きな影響を与える額ではないが、側面支援とはなるだろう

News 5
働き方改革によって生じる 物流の2024年問題

> **概要**
> 2024年4月から、ドライバーの時間外労働時間が年間960時間に制限されるため、長距離での運送が難しくなることが懸念されている。物流が滞ってしまうことで、物流・運送業界の業績に大きな影響が出ることが予想される。

●業務効率化を提供できる企業に注目

トラック運転手が2028年度に約27万8000人不足すると言われている（鉄道貨物協会予測）。背景として、少子高齢化による労働力人口の減少があり、労働力の確保以上に、生産性向上が求められる。喫緊の課題としてドライバー不足をつきつけられている物流業界に対して、業務効率化のサービスを提供できる企業は業績を伸ばすチャンスと言える。

2023～2024年

News 6 インバウンド需要の回復で売上が過去最高に

> **概要** 2023年5月にコロナ禍に対する水際対策が終了し、それに合わせて訪日観光客数が大幅に増加した。その後も順調に伸びを見せ、2023年の訪日外国人の旅行消費額は5.3兆円で過去最高となった。

●訪日観光客年間3000万人超のペース

インバウンドの消費額が過去最高となった要因としては、訪日客の増加だけではなく、円安の影響による客単価の上昇が挙げられる。2023年の前半はまだ多少コロナ禍の影響があったが、それでも訪日客は2506万人に及んだ。2024年1月の訪日客数のペースが通年で続くと年間で3000万人を超えるペースとなり、インバウンドビジネスのポテンシャルはまだまだ大きい。

訪日外国人数の推移

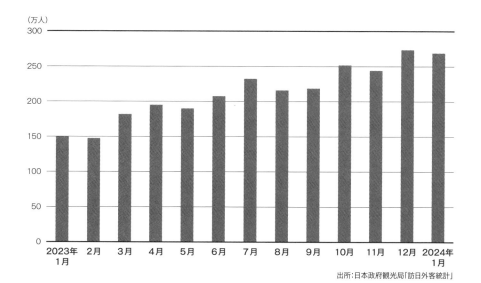

出所:日本政府観光局「訪日外客統計」

NISAで得する稼げる株のワザ

2024年4月5日　発行

編集	金丸信丈・花塚水結・大廻真衣 （株式会社ループスプロダクション）
カバーデザイン	植竹裕
本文デザイン・DTP・図版作成	竹崎真弓（株式会社ループスプロダクション）
テクニック提供識者・トレーダー※	戸松信博／三井智映子／平野朋之／ようこりん／ゆず ／伊藤亮太／V_VROOM／かんち／足立武志

※データ更新、再編集して収録。

発行人	佐藤孔建
編集人	梅村俊広
発行・発売	〒160-0008 東京都新宿区四谷三栄町12-4 竹田ビル3F スタンダーズ株式会社 TEL：03-6380-6132
印刷所	中央精版印刷株式会社
e-mail	info@standards.co.jp

https://www.standards.co.jp/

●本書の内容についてのお問い合わせは、上記メールアドレスにて、書名、ページ数とどこの箇所かを明記の上、ご連絡ください。ご質問の内容によってはお答えできないものや返答に時間がかかってしまうものもあります。予めご了承ください。
●お電話での質問、本書の内容を超えるご質問などには一切お答えできませんので、予めご了承ください。
●落丁本、乱丁本など不良品については、小社営業部(TEL:03-6380-6132)までご連絡ください。

【お読みください】

本書は2023年発刊『株の稼ぎ技〜上田日銀の金融政策編』のテクニックを2024年でのデータ更新、再編集して収録しています。
株式投資は、元本の補償がない損失が発生するリスクを伴う取引です。
本書は情報の提供を目的としたもので、その手法や知識について勧誘や売買を推奨するものではありません。
本書で解説している内容に関して万全を期しておりますが、その情報の正確性及び完全性を保証するものではありません。
製作、販売、および著者は、本書の情報による投資の結果に責任を負いません。
実際の投資にはご自身の判断と責任でご判断ください。